AI, 양자 기술과 사이버 보안

인공지능총서

인공지능 시대입니다. 기계가 인간의 인지를 대신하고, 사물이 인간을 통하지 않고 다른 사물과 직접 커뮤니케이션합니다. 이에 따른 인간 삶과 문명 변화를 정확히 이해·예측·대응하는 것은 이 시대 우리 모두의 과제입니다. 인공지능총서는 인공지능 기술과 환경의 여러 주제를 10가지 키워드로 정리합니다. 관련 개념과 이론, 학계와 산업계의 쟁점, 우리 일상의 변화를 다룹니다. 인간과 기술의 현재, 미래를 세심히 분석합니다.

일러두기

- 인명, 작품명, 저서명, 개념어 등은 한글과 함께 괄호 안에 해당 국가의 원어를 병기했습니다.
- 외래어 표기는 현행 어문규정의 외래어표기법을 따랐습니다.

처음이세요?

전문가세요?

지금, 큐알 찍으면

- AI 입문서 바로 선물
- 당신만의 필독서 추천
- 500권 요약본 공짜
- 오디오북 무료 사용

AI, 양자 기술과 사이버 보안

이은주 외

대한민국, 서울, 커뮤니케이션북스, 2025

AI, 양자 기술과 사이버 보안

지은이 이은주 외
펴낸이 박영률

초판 1쇄 펴낸날 2025년 5월 20일

커뮤니케이션북스(주)
출판 등록 2007년 8월 17일 제313-2007-000166호
02880 서울시 성북구 성북로 5-11
전화(02) 7474 001, 팩스(02) 736 5047
commbooks@commbooks.com
www.commbooks.com

ISBN 979-11-430-0255-6 03500

책값은 뒤표지에 표시되어 있습니다.

차례

사이버 세상의 주인은 누구인가?

John 10:10 (KJV): "The thief cometh not, but for to steal, and to kill, and to destroy"
"도둑이 오는 것은 도둑질하고 죽이고 멸망시키려는 것뿐이요"

1 Corinthians 15:46 (ESV)
"But it is not the spiritual that is first but the natural, and then the spiritual."
"먼저 육의 것(사이버 취약성)이 나고 그 다음에 영의 것이 나니라"

내가 봉직하는 성균관대학교는 1398년 고려 시대부터 조선 시대를 거쳐 현재까지 나라의 젊은 인재들이 나라에 나아가기 전 훈련과 교육을 받는 기관이었다. 십만양병설을 주장하였던 성균관 선배 이이의 전통을 이어받아 성균관대학교 학생들과 함께 이 글을 쓴다.

전쟁이 일어날 때 가장 먼저 침략을 받는 곳을 "최전

방"이라 부른다. 현대 전쟁에서는 가장 먼저 침략을 받는 곳이 사이버 영토이다. 사이버 테러를 통한 정찰 및 국가 인프라의 마비 후 물리적 영토로 쳐들어오기 때문에 대한민국의 최전방 휴전선은 이제 "사이버 경계선"이라 보아도 무리가 없을 것이다. 사이버 세상에서 주권은 국가가 디지털 공간을 통제·보호할 권리와 책임을 의미하며, 안보 관점에서 사이버 공격 방어 기술 구현을 통해 국민과 인프라를 보호하는 역할을 수행해야 한다. 영공, 영해와 마찬가지로 사이버 세상은 대한민국 영토의 또 하나의 영역이다. 사이버 영토 또한 국가 주권이 미치는 영역으로, 그 경계(Boundary)를 명확히 확립한 후, 이를 침입하는 적에 대한 확고한 대응이 국민 안전을 위해 반드시 필요하다.

사이버 공간에서의 공격이 물리적 세계의 군사 행동에 선행하거나 동시에 발생하는 사례는 현대 전쟁에서 점점 두드러지고 있으며, 이는 사이버 영토와 주권의 중요성을 부각시키며 물리적 세계와 사이버 세계 간의 상호 작용을 보여준다. 2023년 10월 이스라엘-하마스 분쟁에서는 팔레스타인 무장 정파 하마스가 이스라엘을 대상으로 기습 공격을 감행하기 전, 사이버 공격을 병행했다. 하마스는 이스라엘의 주요 인프라를 대상으로 사이버 침투를 시도하고, 소셜 미디어를 통해 가짜 뉴스를 확산하며 혼란을 유도했다. 이러한 사이버 활동은 물리적 공격과 동시다발적으로 이루어져 이스라엘의 방어 시스템에 혼선을 야기하려는 목적이 있었다. 우크라이나-러시아 전쟁에서도 비슷한 사례가 있다. 러시아는 2022년 우크라이나에 대한 물리적 침공에 앞서 대규모 사이버 공격을 먼저 실행했다. 이 과정에서 우크라이나 정부 기관과 주요 기반 시설이 '위스퍼게이트(WhisperGate)'라는 멀웨어 공격을 받았으며, 이 공격은 시스템을 파괴하고 방어 체계를 마비시키려는 의도가 있었다. 또한 러시아는 우크라이나의 전력망과 통신 인프라를 사이버 공격으로 교란시켜 군사 행동에 유리한 조건을 마련하고자 했다.

모두 주지하다시피 대한민국은 1948년 자유 민주주의를 기반으로 건국되었으며, 북한과의 6 · 25 전쟁은 현재까지 법적으로 종전되지 않았다. 대한민국과 인접한 북한, 중국, 러시아 모두가 높은 수준의 사이버 전술을 실제로 사용하고 있다. 북한의 해킹 그룹들은 정보 수집과 금전적 이익을 목적으로 꾸준히 사이버 공격을 감행하고 있다. '김수키(Kimsuky)', '라자루스(Lazarus)', '코니(Konni)' 등의 집단이 활동 중이며, 특히 암호 화폐 탈취를 통해 핵 · 미사일 개발 자금을 조달하고 있다. 국가 안보전략연구원은 이러한 활동이 북한 경제의 주요 자금줄로 활용되고 있다고 분석한다(국가안보전략연구원, 2024). 중국의 경우, 최근 중국과 연계된 해킹 그룹이 미국 주요 통신사들의 네트워크를 침투하여 민감한 정보를 수집한 사례가 드러났다. '솔트 타이푼(Salt Typhoon)'으로 알려진 이 해킹 그룹은 버라이즌(Verizon), AT&T, 루멘 테크놀로지스(Lumen Technologies) 등 미국의 주요 통신사들을 대상으로 사이버 공격을 감행했다. 이들은 미국 정부가 법원 승인하에 수행하는 네트워크 도청 요청에 사용되는 시스템의 정보에까지 접근했을 가능성이 제기되면서 국가 안보에 심각한 위협을 초래하고 있다. 미국 연방통신위원회(FCC)는 이러한 위협에 대응하기 위해 화웨이(Huawei)와 ZTE 등 중국 기업들의 무선 장비 인증을 금지하는 방안을 추진하고 있으며, 중국 통신사들의 미국 내 광대역 인터넷 서비스 제공을 금지하는 조치를 취하고 있다.

러시아의 경우 'UAC-0198'과 '코지베어(CozyBear)' 같은 해킹 그룹들이 우크라이나 주요 기관을 대상으로 랜섬웨어 공격을 수행했다. 이들은 보안 서비스를 위장한 피싱 캠페인을 통해 악성 코드를 배포하여 주요 전산망을 마비시켰다. 최근에는 독일과 미국 등 주요 국가의 전산망을 표적으로 삼아 글로벌 보안 위협을 심화시키고 있다(보안뉴스, 2024).

대한민국만의 특수한 지정학적 위치를 고려할 때, 우리 국민은 사이버 보안의 중요성을 더욱 깊이 인식해야 한다. 인공지능(AI)은 빠른 데이터 처리와 예측 분석을 통해 보안 강화를 가능하게 하지만, 동시에 AI를 활용한 사이버 공격의 위험성도 증가시킨다. 또한 양자 기술은 기존의 암호화 시스템을 무력화할 수 있는 잠재력을 지니고 있어 새로운 보안 대책을 필요로 한다. 이러한 기술 발전은 사이버 보안에 큰 기회를 제공하는 동시에 새로운 도전 과제를 수반한다. 우리는 이를 극복하기 위한 혁신적인 기술 개발과 전략적 접근을 통해 절대적인 사이버 우위를 확보하는 데 도움이 되고자 이 책을 집필하였다.

개인적인 집필 배경으로 저자는 대한민국을 지키는 가문 중 하나인 경주 이씨 42대손이며, 우리 가문의 시조는 월성 육촌장 중 하나인 이알평이라 듣고 자랐다. 시조의 연대기를 따져보면 기원전 약 70년 정도까지 올라가니 족히 이 땅에서 2000년이 넘게 지속된 가문인 것이다. 또한 우연인지 아닌지 지금 현재, 고려 시대와 조선 시대를 거쳐 대한민국에 이르기까지 600년간 이 땅에서 나온 주권자들의 싱크탱크 역할을 해온 성균관의 자리에서 경영, 즉 주권 소유자의 역할과 기능을 통해 생산성을 높이고 성과를 가져오게 하는 실용적인 학문을 닦는 제자들과 함께 이 글을 쓰게 되었다. 디지털 전환, 인공지능, 양자, 블록체인 등 기술혁명의 시대에서 각 나라가 어떻게 주권을 지키고 행사하고 번영할 것인지에 대해서 답을 찾는 것이 이 시점 이 땅에 살고 있는 우리의 역할 중 하나가 아닌가 싶고, 더 발전된 나라에서 우리 자손들이 앞으로도 수천 년간 자신의 영토에서 주권을 행사하며 살도록 하고 싶다는 깊은 소원으로 이 책을 쓰게 된 것이다.

본 책의 주요 주제는 크게는 양자 기술, 랜섬웨어 사이버 테러 사례, 사이버 보안 기업 사례, 드론과 사이버 보안 과제, 바이오 해킹과 생물 보안의 시대, 그리고 선거 무결성과 사이버 보안, 마지막으로 사이버 주권과 도미니언으로 되어 있으며 이는 현재의 각종 사이버 관련 침해 사례나 보안책 뿐 아니라 급격히 변화하는 환경에서의 미래의 기술 도전의 과제도 포함시키고자 하였다.

이 책을 집필하는 시기는 생성형 인공지능의 급격한 발전이 가장 큰 화두가 아닐까 싶다. 생성형 인공지능(GAI)은 여러 산업 분야에서 생산성 향상에 중요한 역할을 하고 있으며, 특히 소프트웨어 개발에서 그 효과가 두드러지게 나타나고 있다. GAI는 코드 작성, 버그 수정, 테스트 자동화, 문서화 등 소프트웨어 개발의 여러 단계를 개선하고 있다. 예를 들어 GitHub Copilot과 같은 AI 도구는 개발자들이 코드를 작성하는 과정에서 실시간으로 코드 조각을 제시하거나 오류를 수정하여 전체 개발 속도를 크게 향상시킨다. 실제로 GitHub Copilot을 사용한 개발자들은 코드 작성 시간이 평균적으로 30%가량 단축되었으며, 코드를 더 정확하게 작성할 수 있게 되었다. 또한 자동화된 테스트 도구와 코드 리뷰 시스템은 인간 개발자들이 반복적인 작업에서 벗어나 창의적인 문제 해결에 집중할 수 있게 도와주어 개발팀의 생산성을 더욱 높이고 있다. 문제는 생성형 인공지능으로 인해 사이버 테러를 자행하는 해커들의 생산성도 매우 높아질 수 있다는 점이다. 인공지능은 사이버 공격을 실시간으로 탐지하고 대응할 수 있는 능력을 갖추고 있다. 예를 들어 인공지능은 시스템의 모든 활동을 모니터링 하면서 비정상적인 네트워크 트래픽, 예기치 않은 데이터 흐름, 이상 행동을 즉시 감지하여 이를 공격으로 판단하고 자동으로 차단할 수 있다. 인공지능은 빠르게 학습하며 점점 더 정교한 공격 패턴을 탐지할 수 있어, 새로운 공격 기법이 등장하더라도 즉각적으로 대응할 수 있는 능력을 갖추게 된다. 인공지능은 또한 방어 시스템을 동적으로 조정하고 최적화하는 데 중요한 역할을 한다. 기존의 보안 시스템은 고정된 규칙에 따라 작동하지만, 인공지능은 해킹 공격의 패턴을 학습하고, 이를 바탕으로 공격자가 사용할 수 있는 새로운 방법을 예측할 수 있다. 이렇게 예측된 공격 방법에 대해 사전에 방어 방안을 설계하고 적용함으로써 공격이 발생하기 전에 미리 방어할 수 있다.

인공지능은 해커들이 사용하는 악성 코드를 분석하고 역공학하여 방어용 코드를 자동으로 생성할 수 있다. 예를 들어 발견된 취약점에 맞는 보안 패치를 인공지능이 즉시 개발하여 배포할 수 있어 사이버 공격이 발생하기 전에 예방적 조치를 취할 수 있다. 이러한 능력은 특히 제로 데이 공격을 방어하는 데 유용하다. 인공지능은 다양한 공격 시나리오를 모델링하고 시뮬레이션할 수 있다. 이를 통해 보안팀은 인공지능이 생성한 가상 환경에서 사이버 공격을 테스트하고 취약점을 찾아낼 수 있다. 인공지능은 공격자가 사용할 수 있는 공격 방법을 시뮬레이션하여 그에 맞는 방어 방안을 사전에 마련할 수 있게 한다.

딥러닝을 활용한 악성 코드 탐지는 인공지능의 또 다른 중요한 기능이다. 인공지능은 고급 딥러닝 기술을 사용해 기존의 보안 시스템이 놓칠 수 있는 새로운 형태의 악성 코드를 탐지하고 분석할 수 있다. 이는 새로운 악성 코드나 변형된 코드가 탐지될 수 있도록 하여 제로 데이 공격과 같은 새로운 위협에 빠르게 대응할 수 있다.

인공지능은 기존의 침입 탐지 시스템(Intrusion Detection System: IDS)을 고도화하여 더욱 정교한 침입 경로와 비정상적인 활동을 식별할 수 있다. IDS 시스템은 공격자의 패턴을 학습하고, 이를 기반으로 실시간으로 새로운 침입을 탐지할 수 있다. 인공지능은 기존 IDS 시스템의 한계를 극복하고 더욱 민감하게 침입을 감지할 수 있는 능력을 제공한다. 최근 이스라엘 사이버 보안 8200부대 출신이 세운 Wiz라는 사이버 보안 회사가 구글에 46조 원에 달하는 막대한 금액으로 팔린 것을 보면 인공지능과 클라우드 시대의 사이버 안보 관련 산업은 가장 돈이 잘 벌리는 사업 기회이기도 하다. Wiz는 2020년 3월, 이스라엘의 기술 기업가 4명에 의해 설립되었고 설립자 중 CEO인 아사프 라파포트(Assaf Rappaport)는 이스라엘의 정예 사이버 정보 부대인 8200 부대의 장교 출신이다. 이 부대는 컴퓨터 코딩과

해킹 기술에 뛰어난 인재들을 선발하여 군사 정보 수집과 사이버 작전을 수행하는 것으로 알려져 있다. 이러한 배경을 바탕으로 라파포트 CEO는 Wiz를 설립하여 클라우드 보안 분야에서 혁신적인 성과를 이루어 불과 설립 4년 만에 46조 원의 기업 가치를 일구어 내었다. 1969년 설립된 삼성전자가 현재 364조 원의 시가 총액인 것과 비교해보라. 암호 화폐 해킹으로 수십조 원을 훔치고 있는 북한을 주적으로 하고 있는 우리 대한민국 또한 이스라엘의 8200부대와 같은 사이버 정보 부대를 키우고 한국의 청년들이 동맹인 이스라엘과 미국의 Wiz같은 기업들을 키워낸다면, 그리고 안보 및 방산 기술을 전 세계에 전파한다면 이는 대한민국의 새로운 강력한 미래 먹거리가 될 수 있다. 최근 북한, 러시아, 중국에서 한국의 사이버 영토를 침공하는 사례가 빈번하므로 이를 부지런하게 물리치는 가운데, 우리는 더 높고 가치 있는 기술을 개발하여 전 세계를 더 안전하게 하고 새로 다가오는 인공지능과 디지털 세상을 에덴동산처럼 지키는 Cherubim 천사의 Flaming Sword와 같은 나라로 우뚝 설 수 있을 것이다.

한편 미래의 사이버 침입의 새로운 전장으로 인간의 뇌가 떠오르고 있다. 특히 Neuralink와 같은 뇌-컴퓨터 인터페이스(BCI) 기술을 개발하는 회사들은 뇌에 뉴럴 칩을 이식하여 인간의 뇌 활동을 외부 기기와 연결하고 제어하려는 시도를 하고 있다. Neuralink는 현재 뇌와 외부 장치 간의 신호를 보다 정밀하게 해석하고 사람의 뇌를 다양한 기술과 연결하여 치료와 의사소통을 개선하는 작업을 진행하고 있다. 또한 옵티머스와 같은 휴머노이드 로봇이 인간의 뇌와 직접 연결되어 인간의 신체 기능을 확장하거나 대체할 수 있는 미래가 가능해질 것이다. 이와 같은 기술은 장기적으로 인간의 능력을 극대화할 수 있는 잠재력을 가지고 있지만, 그에 따른 사이버 보안의 과제도 엄청나게 증가할 것이다.

인간의 뇌를 외부 장치와 연결하거나 휴머노이드 로봇과 통합하려는 시도는 일종의 '적국의 드론'을 해킹하는 것과 유사한 양상을 띨 수 있다. 예를 들어 외부에서 뇌의 활동을 제어하는 방식으로 공격자가 인간의 사고나 행동을 조작할 수 있게 된다면, 이는 기존의 사이버 공격 방식과 비교할 수 없는 새로운 차원의 위험을 초래한다. 뇌와 로봇을 연결하는 뉴럴링크와 같은 기술이 상용화되면 공격자는 특정 뇌 신호를 조작하거나 인간의 의도를 왜곡하는 등의 공격을 감행할 수 있다. 이와 같은 '사이버 해킹'은 전통적인 디지털 시스템의 보안을 넘어서 인간의 정신적, 신체적 제어권에 직접적으로 영향을 미치는 문제가 된다.

이러한 사이버 보안 위협을 방어하기 위해서는 에지 컴퓨팅 기술을 활용하는 것이 중요한 해결책이 될 수 있다. 에지 컴퓨팅은 데이터를 중앙 서버가 아니라 망을 분리하고 사용자 근처에서 실시간으로 처리하는 방식으로 네트워크 공격의 위험을 줄이고 데이터 전송에 대한 지연을 최소화하는 장점이 있다. BCI 시스템에서 발생하는 신경 데이터를 로컬에서 처리하고 외부의 공격자가 이를 가로채거나 원격으로 제어하는 것을 방지할 수 있다. 또한 뇌와 연결된 장치에 대한 실시간 모니터링과 보안을 강화하고 뇌 활동 데이터를 암호화하여 공격자가 접근할 수 없도록 해야 한다.

뉴럴링크, 옵티머스와 같은 기술이 발전하면서 사이버 보안의 과제는 더욱 복잡해질 것이다. 인간의 뇌와 외부 기기의 연결이 더욱 밀접해질수록 이 연결을 악용하려는 해킹 시도도 증가할 것이다. 특히 뇌의 활동을 제어하는 기술이 상용화되면 사용자의 뇌를 목표로 한 공격이 현실화될 수 있다. 그러므로 BCI 기술이 발전하면서 이를 안전하게 보호하는 방법을 구축하는 것은 사이버 보안의 핵심 과제가 될 것이다.

초연결 시대의 역설은 기술 발전에 따라 세상이 더욱 연결될수록 오히려 연결을 단절시켜야 인간 사회의 무결성(integrity)을 지킬 수 있다는 점이다. 과거에는 모든 시스템을 연결하면 효율적이고 편리하다고 믿었지만, 실제로 연결이 많아질수록 사이버 공격에 대한 위험도 커지며 하나의 시스템 침입이 전체 인프라에 치명적인 영향을 미칠 수 있다. 특히 전력 인프라와 에너지 그리드 시스템은 국가의 핵심 자원으로 사이버 공격이 이들에 미치는 영향은 단순한 데이터 손실을 넘어 국가 안전과 경제에 심각한 위협을 가할 수 있다.

전력 그리드나 에너지 시스템이 사이버 해킹의 대상이 되면 인공지능(AI)이 활동하는 데이터 센터도 다운될 수 있다. 에너지 공급망이 마비되면 컴퓨터 서버와 클라우드 시스템의 작동이 중단되고 결국 중요한 산업이나 국가 인프라의 운영이 멈추게 된다. 또한 수자원 보존이나 에너지 발전소, 각종 연구소 등이 사이버 공격을 받으면 치명적인 결과를 초래할 수 있다. 전력 그리드가 해킹당하면 국가의 주요 산업뿐만 아니라 사회 전반에 걸쳐 피해가 발생할 수 있다.

이러한 위험을 방지하기 위해 미국은 마이크로그리드(Microgrid)와 같은 독립적인 에너지 시스템을 개발하고 있다. 마이크로그리드는 기존의 전력 그리드와 연결될 수 있지만, 외부 공격이나 자연재해로부터 독립적으로 작동할 수 있는 소규모 에너지 관리 시스템이다. 이를 통해 특정 지역이나 시설은 외부의 전력 그리드와 차단되더라도 독립적으로 전력 공급을 유지할 수 있어 사이버 공격에 대한 방어력을 강화할 수 있다.

또한 소형 원자로(SMR, Small Modular Reactor)와 같은 기술을 채택하여 에너지 시스템을 더욱 분산화하고 안정성 있는 공급망을 구축하려는 노력도 진행 중이다. SMR은 소형이고 모듈화된 원자로이기 때문에 대형 원자력 발전소보다 안전하고, 다양한 지역에서 쉽게 배치할 수 있다. 미국은 이를 국가 중요 기반 시설인 반도체 생산 설비와 같은 핵심 산업과 연결시켜 사이버 공격으로 인한 전력 그리드의 마비를 방지하려는 전략을 개발하고 있다.

미국 국방부와 국토안보부는 마이크로그리드와 SMR을 포함한 분산형 에너지 시스템을 발전시키고 있으며, 이를 통해 사이버 테러와 자연재해로부터 에너지 인프라를 보호하고 국가의 핵심 산업이 안정적으로 운영될 수 있도록 하는 전략을 추진하고 있다. 예를 들어 미국 에너지부(DOE)는 국가 에너지 시스템의 사이버 보안 강화와 함께 독립적인 에너지 생산과 분배를 목표로 한 다양한 기술적 투자를 진행 중이다.

따라서 초연결 시대의 위험을 관리하기 위해서는 모든 시스템을 무분별하게 연결하는 것이 아니라, 독립적이고 안전한 시스템을 구축하여 공격자가 침투하더라도 그 피해가 최소화될 수 있도록 하는 전략이 필수적이다. 또한 사이버 안보 침해로 발생한 피해에 대해 보다 적극적으로 정의 회복과 보상을 구하는 노력도 필요하다. 미국인 오토 웜비어의 부모는 아들의 사망에 대한 책임을 묻기 위해 미국 법원에서 북한을 상대로 소송을 제기하여, 2018년 워싱턴 D.C. 연방 지방법원은 북한이 웜비어 가족에게 5억여 달러를 배상하라는 판결을 내렸고 웜비어의 부모는 미국 내 동결된 북한 자산을 추적하여 배상금을 회수하려는 노력을 기울였다. 2023년 11월, 뉴욕 남부 연방법원은 뉴욕멜론은행에 예치된 약 220만 달러의 북한 자금을 웜비어 부모에게 지급하라는 판결을 내렸다. 이 자금은 러시아 극동은행 소유로 해당 은행이 북한 고려항공의 대리 기관으로 지목되어 동결된 것이었다. 또한 웜비어의 부모는 2022년 1월 뉴욕주 감사원이 압류한 북한 동결자금 24만 달러를 회수하였다. 이러한 과정에서 웜비어의 부모는 미국 재무부에 북한의 동결

자산에 대한 정보 공개를 요청하였으며, 법원은 이를 승인하였다. 이를 통해 추가적인 북한 자산의 존재를 파악하고 회수하려는 노력을 계속하고 있다. 2025년에도 북한은 가상 화폐 거래소에서 2조 원에 넘는 암호 화폐를 훔쳤다. 사이버 안보와 평화는 아무 사건이 없는 이완되고 편안한 상태를 의미하는 소극적인 개념이 아니라 주권자로서 깨어있어서 침입을 시도하는 악의 세력에 대한 보복, 반격과 배상 요구라는 3단계로 적극적 평화를 선제적으로 행사하는 주권자의 dominion과 authority라는 것을 깊이 새겨 우리 후손들이 대한민국의 모든 영토(사이버 영토 포함하여)에서 절대 주권자로 살아가게 하자.

마지막으로 이 글을 맺음에 작년에 천국으로 가신 시아버지의 기억을 나누고자 한다. 이동녕 교수님은 서울대학교 금속공학과, 재료공학과에서 수많은 기술 인재를 길러내어 우리 경제 및 국가 발전에 많은 기여를 하셨다. 시아버지께서는 젊은 시절 미국 밴더빌트 대학에서 Plasma Physics로 박사학위를 마치신 후 지도교수에게 영국에 있는 유명한 물리학자 Moss의 연구실에 가서 노벨상에 도전하는 순수 과학 연구를 계속하라고 진로 지도를 받으셨다고 한다. 그러나 시아버지께서는 가난한

집안의 장남으로 태어나 그 책임을 잊지 않으셨고, 전쟁 후 정말 가난하던 우리나라 경제를 살리고 강하게 해야 한다고 생각하시고 그러려면 그 당시 가장 필요한 것은 철강이라 하여 학술적인 학문보다 실용적으로, 실제적으로 도움을 주기 위해 금속과 재료를 연구하셨고, 실제로 시아버지가 키워내신 훌륭한 제자들이 지금도 학계, 산업계, 그리고 현재 과기부 장관 등 다양한 곳에 포진해 계신다. 선비이신 시아버지는 평생 검소하셨고 나라를 위한 그 마음이 지극히 순수하셨으며 학문을 통해 실질적인 부국강병의 기초석이 되셨다. 이 글을 쓰면서 "행복한 공학자"이셨던 시아버지를 많이 회상하였다. 시아버지가 돌아가신 후 서울대 신소재연구소 1층 아버지의 연구실을 정리하러 가서 보니 오래된 과학기술 관련 책이 많았다. 그중 『Quantum Physics(양자 역학)』라는 오래된 책에 시아버지 서명이 있어 집에 가지고 와서 과학을 좋아하는 아들에게 전해주었다.

항상 제자들을 마음 깊이 사랑하셨던 시아버지를 본받고 싶은 마음에 나도 성균관대학 제자들과 함께 이 글을 썼다. 아버지 세대 전후 및 경제 성장기에 우리나라에 필요했던 것은 철강과 재료였다면, 지금 이 시점에 우리나라에 필요한 것은 사이버 보안, 양자 기술, 그리고 인공지능이 아닌가 싶다. 강한 기술 인재들을 바탕으로 미래에 보다 강하고 아름다운 조국 대한민국이 되기를 소원한다.

참고문헌

Chat GPT. Grok, Gemini 등 생성 AI 검색.

국가안보전략연구원(2024). 북한 사이버 위협과 국제사회의 대응. https://nsp.nanet.go.kr/plan/subject/detail.do?nationalPlanControlNo=PLAN0000041803&newReportChk=list

글로벌이코노믹(2024.10.13). 중국 해커 그룹, 미국 통신사 침투해 민감 정보 수집. 글로벌이코노믹, https://m.g-enews.com/view.php?ud=202410130756548616fbbec65dfb_1

대한무역투자진흥공사(KOTRA)(2024). 미국, 중국 통신장비 사용 금지 조치 강화. KOTRA, https://www.kita.net/board/totalTradeNews/totalTradeNewsDetail.do?no=83424&siteId=2

보안뉴스(2024). 러시아 사이버 공격, 우크라이나 주요 기관 대상 랜섬웨어 배포. https://m.boannews.com/html/detail.html?idx=133719

에포크타임스(2024.07). 중국 국가안전부, 미국 통신사 직원 통해 개인정보 수집. 에포크타임스 한국판, https://www.epochtimes.kr/2024/07/688253.html

01
양자 기술과 사이버 안보

양자 기술은 물리학의 양자 역학 원리를 바탕으로 한 기술로 고전적인 물리학과는 다른 특성을 가진다. 양자 역학은 입자의 행동이 확률적으로 이루어지며, 이를 통해 정보 처리와 전송 방식을 혁신적으로 변화시킬 수 있다. 양자 기술은 중첩, 얽힘, 터널링과 같은 현상을 활용하여 컴퓨터, 통신, 센서 및 사이버 보안의 분야에서 새로운 가능성을 열어준다.

AI와 1인 창업?

양자 컴퓨터

양자 컴퓨터는 양자 역학적 특성을 이용해 정보를 처리하는 컴퓨터이다. 기존의 디지털 컴퓨터는 0과 1의 이진 비트로 정보를 처리하지만, 양자 컴퓨터는 큐비트(qubit)를 사용하여 0과 1을 동시에 가질 수 있는 중첩 상태를 이용한다. 이를 통해 양자 컴퓨터는 여러 계산을 병렬로 처리할 수 있어, 기존의 컴퓨터보다 훨씬 빠르고 효율적으로 복잡한 문제를 해결할 수 있다. 양자 컴퓨터는 특히 암호 해독, 물리학적 모델링 등에서 뛰어난 성능을 발휘할 수 있는 잠재력을 가지고 있다.

2024년 12월, 구글은 '윌로우(Willow)'라는 새로운 양자 컴퓨터 시스템을 발표했다. 윌로우는 기존 디지털 컴퓨터와 비교해 상당한 장점을 지니고 있다. 가장 큰 장점은 양자 컴퓨터가 기존의 디지털 컴퓨터로는 해결할 수 없는 특정 계산을 더 효율적으로 수행할 수 있다는 점이다. 윌로우는 적은 수의 큐비트를 사용하면서도 고전적인 슈퍼컴퓨터가 풀 수 없는 연산을 빠르게 처리할 수 있어, 양자 컴퓨터의 실용적인 가능성을 한층 높였다. 양자 우위(Quantum Supremacy)는 양자 컴퓨터가 특정 계산에서 기존의 컴퓨터를 능가하는 성능을 발휘하는 시점을 의미한다. 2019년 구글은 'Sycamore'라는 양자 컴퓨터를 사용하여 양자 우위를 달성했다고 발표했다. 이 시점에서 양자 컴퓨터는 기존의 슈퍼컴퓨터보다 빠르고 정확하게 특정 문제를 해결할 수 있다는 것을 증명했다. 윌로우는 양자 우위의 가능성을 더욱 강화하며, 기존의 디지털 컴퓨터가 처리할 수 없는 문제를 양자 컴퓨터가 처리할 수 있음을 보여줌으로써 사이버 보안, 최적화, 데이터 분석 등 다양한 분야에서 혁신을 이끌어낼 수 있음을 시사한다.

보안 알고리즘

RSA는 공개 키 암호화 시스템의 한 종류로, 1977년에 Ron Rivest, Adi Shamir, Leonard Adleman에 의해 개발된 알고리즘이다. 이 시스템은 두 개의 키, 즉 공개 키와 개인 키를 사용하여 데이터를 암호화하고 복호화한다. RSA의 보안은 두 개의 큰 소수(prime number)를 곱한 수의 인수 분해가 어렵다는 수학적 원리를 바탕으로 하고 있다. 이 알고리즘에서 공개 키는 암호화에 사용되며, 개인 키는 복호화에 사용된다. 따라서 암호화된 데이터를 해독하려면 개인 키가 필요하지만 공개 키는 자유롭게 배포되어도 안전하다. 현재 비트코인과 같은 암호 화폐는 RSA와는 다른 방식의 암호화 알고리즘을 사용한다. 비트코인은 ECDSA(Elliptic Curve Digital Signature Algorithm)라는 타원 곡선 암호화를 기반으로 서명과 거래의 안전성을 보장한다. RSA는 공개 키 암호화 시스템으로 데이터 암호화 및 복호화에 사용되며, ECDSA는 서명 생성과 검증에 사용된다. 비트코인에서 사용하는 타원 곡선 알고리즘은 RSA보다 더 효율적이며, 더 작은 키로 더 강력한 보안을 제공한다. 따라서 비트코인 자체는 RSA 기반의 암호화를 사용하지 않지만, 암호 화폐와 암호화 기술의 발전은 서로 밀접한 관련이 있다. Peter Shor는 1994년에 양자 알고리즘을 제시하여 RSA 암호화 시스템을 깨는 방법을 제시했다. Shor의 알고리즘은 양자 컴퓨터가 소인수 분해 문제를 기존의 고전적인 컴퓨터보다 훨씬 빠르게 풀 수 있다는 것을 증명한 알고리즘이다. RSA는 두 큰 소수의 곱을 사용하여 보안을 유지하는데, 이 곱을 소인수 분해하는 것이 매우 어렵다. 하지만 Shor의 알고리즘을 통해 양자 컴퓨터는 이 문제를 지수 시간 내에 해결할 수 있기 때문에, 현재의 RSA 시스템은 양자 컴퓨터의 등장으로 보안이 위협받을 수 있다. 구글은 양자 컴퓨터 기술을 발전시키기 위해 여러 연구를 진행하고 있으며, 특히 "Logical Quantum Computer"의 개발을 추진하고 있다. 이 컴퓨터는 큐비트의 오류를 최소화하고, 실제로 신뢰할 수 있는 양자 계산을 가능하게 하기 위해 오류 정정 코드와 같은 기술을 결합한 시스템이다. Logical Quantum Computer의 장점은 기존의 양자 컴퓨터가 가지고 있는 큐비트의 오류 문제를 해결하고, 보다 안정적이고 정확한 계산을 수행할 수 있다는 점이다. 이를 통해, 양자 컴퓨터는 RSA 암호와 같은 기존 암호 시스템을 깨는 데 필요한 계산을 훨씬 효율적으로 수행할 수 있게 된다.

ECC(타원 곡선 암호: Ecliptic Curve Cryptography) 또한 현대 암호학에서 널리 사용되는 공개 키 암호 방식인데 RSA와 같이 비대칭 암호에 속하며 타원 곡선이라는 수학적 구조를 기반으로 작동한다. ECC의 가장 큰 특징은 RSA에 비해 훨씬 짧은 키 길이로도 동등한 수준의 보안을 제공한다는 것으로 더 적은 컴퓨팅 자원으로도 강력한 보안을 구현할 수 있다. ECC와 RSA의 차이점은 주로 사용하는 수학적 문제와 키 길이에 있다. RSA는 큰 수의 소인수 분해 문제의 어려움을 기반으로 하는 반면, ECC는 타원 곡선 위에서의 이산로그 문제의 어려움을 기반으로 하므로 이러한 차이 덕분에 ECC는 RSA보다 더 짧은 키로도 높은 수준의 보안을 제공할 수 있고, 따라서 ECC는 연산 속도가 빠르다는 장점이 있어 모바일 기기나 IoT 기기와 같이 제한된 자원 환경에서 유용하게 활용된다.

Shor 알고리즘은 양자 컴퓨터를 이용하여 큰 수의 소인수 분해 문제나 이산로그 문제를 효율적으로 푸는 알고리즘이다. 이 알고리즘이 실용화될 경우, RSA와 ECC 모두 심각한 위협에 노출될 수 있다. 즉 충분한 양자 컴퓨팅 능력이 확보된다면 현재 사용되고 있는 대부분의 공개 키 암호 시스템은 무력화될 수 있다.

Shor의 알고리즘이 RSA나 ECC 암호를 깨는 능력은 양자 컴퓨터가 얼마나 많은 큐비트를 사용할 수 있느냐에 달려 있다. 현재 알려진 바에 따르면, RSA-2048(2048비트 크기의 RSA 키)을 깨기 위해서는 최소한 4000개의 큐비트가 필요하다고 한다. 이는 양자 컴퓨터가 큐비트 수가 충분히 많고 오류를 최소화한 상태에서 동작할 수 있을 때 이루어질 수 있다. 구글, IBM, 마이크로소프트 등 여러 기업들이 양자 컴퓨터의 큐비트 수를 증가시키고 있으며, 논리적 양자 컴퓨터의 발전으로 실제 RSA를 깨는 날이 가까워질 수 있다. 그러나 현재 기술 수준으로는 여전히 많은 큐비트가 필요하고, 큐비트 수가 적은 현재의 양자 컴퓨터는 RSA 암호를 깨기 어렵다. 따라서 RSA 기반의 암호는 양자 컴퓨터가 충분히 발전하면 취약해질 가능성이 있으며, 이를 대비하기 위해 새로운 양자 안전 알고리즘의 개발이 중요해지고 있다.

Shor 알고리즘에 이어 두 번째로 중요한 퀀텀 알고리즘은 Grover 알고리즘이다. 1996년 Lov Grover에 의해 제시된 양자 알고리즘으로, 주어진 데이터베이스에서 특정 값을 찾는 문제를 해결하는 데 사용된다. 고전적인 알고리즘에서는 데이터베이스를 일일이 검색하는 방식으로 문제를 해결하지만, Grover의 알고리즘은 양자 중첩을 활용하여 데이터베이스를 빠르게 탐색할 수 있게 해준다. 이 알고리즘은 주어진 데이터베이스에 대해 O($\sqrt{N}$) 시간 복잡도를 가질 수 있는데, 이는 고전적인 알고리즘의 O(N) 복잡도에 비해 훨씬 더 빠르다. Grover의 알고리즘은 본질적으로 무작위 탐색을 개선하는 알고리즘으로 양자 비트(큐비트)의 중첩과 상호 작용을 활용하여 목표값을 빠르게 찾는다. Grover 알고리즘은 사이버 보안, 특히 암호화 시스템에 중요한 영향을 미칠 수 있다. 현재 많은 암호화 방식들이 특정 수학적 문제의 난이도에 기반한 보안을 제공하는데, 그 중 대표적인 것이 대칭 키 암호화 시스템이다. 대칭 키 암호화는 암호화와 복호화에 같은 키를 사용하는 시스템으로, 이때 중요한 것은 키의 길이와 보안성이다. 예를 들어 AES-256 암호화에서는 256비트 키를 사용하여 보안을 제공하는데, 고전적인 컴퓨터에서는 키를 전수 조사하는 데 시간이 많이 걸린다. 그러나 Grover 알고리즘은 대칭 키 암호화의 보안을 위협할 수 있다. Grover의 알고리즘은 모든 가능한 키를 탐색하는 데 필요한 시간을 O(√N)로 줄일 수 있기 때문이다. 예를 들어 256비트 대칭 키를 사용하는 암호화 시스템에서는 고전적으로는 2^256번의 연산이 필요하지만, Grover 알고리즘을 사용하면 이를 2^128번으로 줄일 수 있다. 이는 기존의 대칭 키 암호화 방식이 양자 컴퓨터에 의해 잠재적으로 깨질 수 있음을 의미한다. Grover 알고리즘이 대칭 키 암호화 시스템에 미치는 영향은 특히 키 길이를 더 길게 설정하는 방식으로 대응할 수 있다. 예를 들어 AES-256을 AES-512로 바꾸거나 추가적인 보안 조치를 취함으로써 양자 컴퓨터에 의한 공격을 방어할 수 있다. 하지만 이러한 방식은 성능과 효율성에 영향을 미칠 수 있기 때문에 양자 내성 암호화(Quantum-safe cryptography) 기술의 연구가 중요하다. 양자 안전 암호화는 양자 컴퓨터의 공격을 고려하여 설계된 알고리즘으로 Grover 알고리즘의 영향을 최소화할 수 있는 방법들을 제시하고 있다. 결론적으로 Grover 알고리즘은 사이버 보안에 있어서 대칭키 암호화의 취약점을 드러내며 양자 컴퓨터에 의한 위협에 대응하기 위한 새로운 암호화 기술 개발이 필요함을 시사한다. 크로스 포인트 지점은 quantum 컴퓨터가 classical 컴퓨터의 성능을 추월하기 시작하는 지점인데, 일반적으로 문제의 크기(n)가 특정 임계값을 넘어설 때 발생한다. 이 지점 이전에는 classical 컴퓨터가 더 효율적이다. Cross-over point가 발생하는 이유는 Classical 컴퓨터의 경우 문제 크기가 증가함에 따라 연산 시간이 다항식적(polynomial) 또는 지수적(exponential)으로 증가하나 Quantum 컴퓨터의 경우 큰 규모의 문제에서 quantum parallelism을 활용해 더 효율적으로 연산을 수행하기 때문이다. 그러나 상대적으로 연산량이 적은 문제에서는 quantum 시스템 초기화와 오류 보정에 드는 오버헤드로 인해 classical computer가 더 유리할 수 있다. 사이버 안보에서 실제 응용할 때 암호화 해독, 데이터베이스 검색, 해킹 시뮬레이션 등 대규모 연산이 필요한 문제에서 quantum 컴퓨터가 우위를 보일 수 있음을 의미한다.

참고문헌

Bernstein, D. J. & Lange, T.(2017). PostQuantum Cryptography.

International Conference on Cryptology and Network Security(CANS 2017), pp.1–10, https://doi.org/10.1007/978-3-319-70272-6_1
Grover, L.(1996). A fast quantum mechanical algorithm for database search. *Proceedings of the 28th Annual ACM Symposium on Theory of Computing(STOC 1996)*, pp.212–219, https://doi.org/10.1145/237814.237866
IBM Research(2021). Quantum Computing and Cryptography. IBM Quantum, https://www.ibm.com/quantum-computing/
National Institute of Standards and Technology NIST(2020). Post-Quantum Cryptography Standardization. NIST Computer Security Resource Center, https://csrc.nist.gov/projects/post-quantum-cryptography
Shor, P. W.(1994). Algorithms for quantum computation: Discrete logarithms and factoring. *Proceedings of the 35th Annual Symposium on Foundations of Computer Science(FOCS 1994)*, pp.124–134, https://doi.org/10.1109/SFCS.1994.365700

02
양자 컴퓨터 보안 위협: 비대칭 능력 평가

양자 컴퓨팅 보안 위협 분석을 비대칭 능력 평가 측면에서 살펴보자. 가상의 사이버 테러 집단이 양자 컴퓨팅 능력을 보유하고 있는 반면, 방어 측이 고전적 컴퓨팅 인프라에만 의존하는 상황은 심각한 비대칭적 보안 문제를 야기할 수 있다.

AI와 MBTI?

비대칭 능력

가상의 사이버 테러 집단이 양자 컴퓨팅 능력을 보유하고 있는 반면, 방어 측이 고전적 컴퓨팅 인프라에만 의존하는 상황은 심각한 비대칭적 보안 문제를 야기할 수 있다. 기술적 격차로 인해 발생할 수 있는 보안 취약점과 그 영향을 검토하면 다음과 같다. 우선 암호 체계의 취약성이 문제가 된다. 가장 시급하고 심각한 위협은 양자 컴퓨터가 현재 널리 사용되는 공개 키 암호 시스템을 무력화할 수 있다는 점인데, RSA나 ECC(타원 곡선 알고리즘)와 같은 현행 암호화 방식은 충분한 성능의 양자 컴퓨터에서 쇼어 알고리즘(Shor's algorithm)을 통해 해독될 수 있고, 이는 금융 거래부터 외교 통신에 이르는 모든 암호화된 데이터가 노출될 수 있음을 의미한다.

두 번째 위협은 인증 시스템의 취약성이다. 양자 비대칭성에 의해 디지털 서명과 공개 키 기반 구조(PKI) 시스템이 무력화될 수 있으며 이는 광범위한 신원 도용 발생, 보안 시스템에 대한 무단 접근 및 웹사이트, 소프트웨어 업데이트, 보안 통신의 진위 여부를 확인할 수 없게 만들 수 있어 인증을 기반으로 하는 다양한 시스템을 마비시킬 수 있다. 대부분의 디지털 뱅킹, 암호 화폐, 보안 금융 거래가 현재의 암호화 표준에 의존하고 있어 금융 시스템이 심각한 위험에 처할 수 있고, 디지털 서명 위조가 가능해지면 전자 금융 인프라 전체가 위험에 빠질 수 있다.

세 번째 위협은 인프라 등 기반 시설의 보안과 국방 체계의 취약성이다. 현재 전력망, 통신망, 금융 시스템 등 주요 기반 시설은 일반적으로 고전적 암호화에 의존하고 있어 양자 컴퓨팅 능력을 가진 적대 세력은 이러한 시스템의 보안 프로토콜을 무력화하여 핵심 서비스를 교란할 수 있다. 고전적 암호화에 의존하는 군사 및 국방 통신 시스템이 특히 취약해질 수 있는데, 군사 통신을 실시간으로 해독할 수 있게 되면 적대 세력이 전술적, 전략적으로 큰 이점을 얻게 되기 때문이다.

네 번째는 장기적 데이터 노출 위험이다. "저장 후 해독(Store now, decrypt later)" 전략을 살펴보면 적대 세력은 현재 암호화된 데이터를 수집하여 저장해 두었다가, 양자 컴퓨팅 능력이 충분해지면 해독할 수 있게 된다. 이는 국가 기밀, 연구 개발 정보, 개인 식별 정보와 같이 장기적 가치가 있는 민감한 데이터가 양자 컴퓨팅 능력이 확보되기 훨씬 전에 전송된 것이라도 노출될 수 있음을 의미한다.

양자 내성 암호

창이 있으면 방패가 있듯이 양자 기술에 대항하는 양자 내성 암호 기술의 발전도 미래 사이버 주권과 안보를 위해 반드시 함께 가야 한다. 양자 내성 암호(Post-Quantum Cryptography, PQC)는 양자 컴퓨터로도 풀기 어려운 수학적 문제를 기반으로 설계된 새로운 암호 체계이며 양자 컴퓨터 시대가 도래하더라도 안전하게 사용할 수 있는 암호 기술이라고 할 수 있다. 그렇다면 양자 내성 암호는 무엇인가? 양자 내성 암호의 종류는 다양한 수학적 문제를 기반으로 개발되고 있으며 주요 종류로는 격자 기반 암호, 코드 기반 암호, 다변수 다항식 기반 암호, 해시 기반 암호 등이 있다. 양자 내성 암호 개발 현황을 살펴보면, 많은 국가와 기업들이 양자 내성 암호 기술 개발에 힘쓰고 있다. 미국 국립표준기술원(NIST: National Institute of Standards and Technologies)은 양자 내성 암호 표준화 작업을 진행하고 있다. NIST는 전 세계적으로 기술 표준 개발을 선도하는 기관 중 하나로서 NIST가 개발한 표준들은 다양한 산업 분야에서 널리 활용되며, 국제적인 기술 교류와 협력에 중요한 역할을 하고 있다. 최근에는 사이버 보안 분야에서 NIST가 개발한 사이버 보안 프레임워크가 많은 기업에서 활용되고 있다. 구글,

마이크로소프트, IBM 등 글로벌 IT 기업들도 양자 컴퓨터와 함께 양자 내성 암호 기술 개발에도 투자하고 있다. 특수 알고리즘으로는 격자 기반 암호 알고리즘인 Kyber와 Dilithium, 다변수 다항식 기반 암호 알고리즘인 Rainbow 등이 있다. 구체적으로 살펴보면 격자 기반 암호는 고차원 격자 문제가 수학적으로 매우 풀기 어렵기 때문에 이를 기반으로 한다. Kyber는 NIST 표준 후보 알고리즘 중 하나로, 빠른 속도와 작은 키 크기가 특징이고 Dilithium은 Kyber와 함께 NIST 표준 후보 알고리즘으로 디지털 서명에 적합하다.

Falcon은 또 다른 NIST 표준 후보 알고리즘으로 Dilithium보다 더 작은 서명 크기를 제공한다. 코드 기반 암호는 오류 정정 부호 이론을 기반으로 하고 BIKE는 McEliece 암호의 변형으로 더 작은 키 크기를 제공한다. 다변수 다항식 기반 암호는 다변수 다항식 시스템의 답을 찾는 문제가 매우 풀기 어렵다는 점을 기반으로 하는데 이 중 Rainbow는 대표적인 다변수 다항식 기반 암호 알고리즘이다. 해시 기반 암호는 해시 함수의 특성을 이용하여 암호 체계를 구축한다. 또한 SPHINCS+는 NIST 표준 후보 알고리즘 중 하나로, 다층 해시 트리를 사용하는 것으로 알려져 있다.

양자 내성 암호는 미래의 안전한 통신을 위한 필수적인 기술이므로 다양한 국가와 기업들이 양자 내성 암호 기술 개발에 힘쓰고 있으며, NIST를 중심으로 표준화 작업이 진행되고 있다. 우리도 양자 내성 암호 기술 개발에 적극적으로 참여하여 미래의 사이버 주권을 보호하고 보안을 선도해야 한다.

참고문헌

과학기술정보통신부(2023). 양자 정보통신 기술 로드맵.

국가보안기술연구소(2023). 포스트 양자 암호 기술 동향 분석.

국가정보원(2024). 국가 사이버 보안 전략.

금융보안원(2023). 금융권 양자 내성 암호 도입 방안 연구.

한국정보보호진흥원(2023). 양자 컴퓨터 시대의 암호 기술 대응 방안 연구

Bernstein, D. J. & Lange, T.(2017). Post-quantum cryptography. *Nature*, 549(7671).

European Union Agency for Cybersecurity(2023). Post-Quantum Cryptography: A European Perspective.

National Institute of Standards and Technology(2022). Post-Quantum Cryptography Standardization.

03
IoT 세상의 사이버 보안

IoT(인터넷 연결 기기) 환경은 수많은 기기들이 상호 연결되며 사이버 공격의 주요 타깃이 된다. IoT의 보안 도전은 기기들의 취약점, 데이터 보호 부족, 업데이트 미비 등으로 인해 증가하고 있다. 이를 방어하기 위해서는 강력한 암호화, 정기적인 소프트웨어 업데이트, 네트워크 분리 및 침입 탐지 시스템의 도입이 필요하다. 또한 사용자의 보안 의식을 높이고 보안 표준을 강화하는 것도 중요하다.

AI와 난임 극복?

사물 인터넷

10년 전, 사물 인터넷 기술을 주거 가전 제품에 적용하는 '스마트홈' 시장이 열렸다. 스마트폰으로 집에 있는 모든 가전제품을 원격으로 조절하고 외출 시에도 냉난방 기기를 조절할 수 있는 세상이라니, 얼마나 편리한가. 가전 시장의 선두 주자였던 기업들은 재빠르게 스마트홈 시장에 뛰어들어 새로운 제품들을 세상에 내놓았다. 여기에 인공지능(AI)이 더해진 AI 홈의 등장으로 글로벌 스마트홈 시장 성장 가능성이 더욱 커졌다. Grand View Research(2024)에 의하면 이 시장은 2023년 $100.4 billion에서 2030년에는 5배 성장한 $537.0 billion으로 성장하며, 그 성장률은 약 27.1%에 달한다. 아마존, 삼성전자, LG전자와 같은 기업들이 현재 스마트홈, AI 홈 시장에서 경쟁 중인데 2025년에 애플 또한 시장에 뛰어들 준비를 하고 있다.

사물 인터넷(IoT, Internet of Things)은 인터넷을 통해 사물에 탑재된 센서와 통신 기능을 바탕으로 서로 연결 및 제어하는 기술이며, 센서, 소프트웨어, 네트워크 연결성을 갖춘 물리적 객체들이 데이터를 수집하고 교환하여 자율적으로 상호 작용할 수 있는 기술 환경을 의미한다[International Telecommunication Union(ITU),

2012]. 1990년대 일상용품에 RFID 태그라는 저전력 컴퓨터 칩을 달아 고가의 장비를 추적하는 것으로 시작되었다. 시간이 지남에 따라 기술이 발전하여 내장된 칩의 크기가 작아지고 속도가 빨라졌다. 가격 또한 하락하면서 예전보다 쉽게 IoT 제품을 생산해내고 있으며 시장 전체가 빠르게 발전하고 있다.

AI의 발전과 함께 IoT와 AI를 융합시킨 AIoT도 등장하였다. 두 가지를 융합한 기술이며 초연결성, 초지능성, 초융합성이 그 특징이다. 기존의 사물 데이터 기기가 생성하고 수집하는 데이터가 저장되면 인공지능의 기계학습을 통해 데이터를 분석함으로써 전반적인 부분의 디지털화가 가능하게 되었다.

우리 삶 속 사물 인터넷

사물 인터넷 어플리케이션은 스마트 디바이스에서 수신한 데이터를 모으는 소프트웨어다. 머신 러닝 또는 인공지능(AI) 기술을 통해 수집한 데이터를 분석하고 분석 결과에 입각해 결정을 내린다.

편리하게 데이터를 읽고, 처리하고, 분석할 수 있는 사물 인터넷은 응용 분야가 매우 다양하다. 시스템의 효율성을 증가시키고 편리성을 향상시킴에 따라 그 쓰임은 다양해졌다. 그 중 사물 인터넷이 쓰이는 몇 가지 사례를 알아보고자 한다.

스마트홈은 사물 인터넷 적용의 대표적 사례 중 하나다. 인터넷에 스마트 TV, 스마트 냉장고, 보안 카메라, 냉난방 장치, 조명 시스템을 모두 연결하여 집 안 환경에 맞춰 조절할 수 있다. TV와 냉장고를 통해 편리하게 부족한 물건들을 주문할 수도 있으며, 외부에서도 쉽게 냉난방 장치, 조명 등을 조절할 수 있다.

커넥티드 카도 많이 사용되는 사물 인터넷 제품 중 하나이다. 자동차와 인터넷이 연결되면서 엔터테인먼트 시스템과 자동차 주행 및 상태 데이터를 지속적으로 모니터링 할 수 있게 되었다. 예를 들어 자동차 사고 발생 시, 자동으로 주변인과 병원 및 경찰에게 알려준다.

공급망 시스템을 효율적으로 운영하는 데에도 사물 인터넷이 사용된다. 기존의 전통적인 방식의 운송 시스템과 달리 사물 인터넷의 도입으로 사물 운송 위치를 쉽게 찾을 수 있으며, 포장 단계 및 공급망에서의 사물의 위치를 실시간으로 추적할 수 있다. 효율적으로 창고에 보관하는 방법과 에너지 사용 방식 또한 기존에 축적된 데이터를 통해 도움을 준다.

전도유망한 사물 인터넷 분야 중 하나는 농업이다. 스

마트 농업 시스템으로 토양의 질, 물 공급, 농작물 재배 상태 등을 꾸준히 모니터링 할 수 있다. 원거리에서도 시스템을 조정할 수 있으며 가축 사육 농가는 가축의 체온과 활동성을 모니터링하여 빠르게 질병과 품질에 대응할 수 있다. 사물 인터넷을 사용한 농업 방식은 도래하는 기후 변화와 인구 증가에 대응할 수 있는 최적화 방안이 될 수 있을 것이라 추측된다.

보안 위협 사례

사물 인터넷은 우리의 삶을 편리하고 효율적으로 만들어주지만, 기술의 발전과 함께 보안 위협도 증가하고 있다. IoT 보안 위협은 개인 기기의 정보 유출과 같은 소규모 피해에서부터 스마트 공장의 시스템을 마비시키는 대규모 피해에 이르기까지 그 범위가 매우 광범위하다. 특히 최근 IoT 기술이 5G, AI, 빅 데이터, 클라우드와 같은 첨단 기술들과 결합되어 사용되면서 보안 위협의 규모와 영향은 점점 더 커지고 있으며, 그 파급력은 상상을 초월할 정도로 확대되고 있다.

이러한 보안 위협의 대표적인 사례로는 미라이 봇넷(Mirai Botnet)이 있다. 개별 소비자 IoT 기기를 대상으로 한 사이버 공격은 사용자의 데이터 프라이버시에 심각한 영향을 미칠 수 있지만, 대규모로 다수의 IoT 기기를 공격하는 봇넷 공격은 그 피해 규모와 심각성이 훨씬 크다. 봇넷 공격은 여러 IoT 기기를 원격으로 연결해 조종하는 보안 공격 방식으로, 미라이 봇넷은 그중에서도 가장 주목할 만한 사례로 꼽힌다.

2016년 8월 처음 발견된 미라이 봇넷은 같은 해 9월 첫 공격을 시작해 불과 20시간 만에 6만 5000대의 기기를 감염시켰으며, 2017년 2월까지 총 60만 대의 기기를 손상시키며 역사상 가장 주목할 만한 공격 사례 중 하나로 기록되었다. 이 봇넷은 블로그 사이트인 Krebs on Security가 공격받으며 세상에 알려지기 시작했다. 당시 Krebs 사이트는 최고 623Gb/s에 달하는 트래픽을 기록했으며, 주요 피해 대상에는 넷플릭스, 트위터, 정치 웹사이트 등이 포함되었다. 비록 2017년도에 발생한 공격이지만, 이 바이러스는 여전히 역사상 가장 큰 DDoS(Distributed Denial of Service) 공격 중 하나이다.

미라이 봇넷은 간단한 비밀번호(예: "password", "1234")를 사용하는 취약 기기에 접근해 악성 코드인 로더(loader)를 설치한다. 로더는 설치 후 삭제되며, 기기를 좀비 기기로 전환해 제어 서버에서 원격으로 관리된다. 감염된 기기는 DDoS 공격에 이용되며, 추가적으로 다른 취약 기기를 탐색해 감염을 확산시킨다.

미라이는 IP 카메라, 디지털 비디오 레코더, 프린터와 같은 소비자 IoT 기기를 주 타깃으로 했으며, 이로 인해 소비자는 기기당 약 $13.50의 비용을 부담해야 했고, 네트워크 대역폭 초과로 인해 시간당 약 $4207.03의 비용이 발생했다.

비슷한 사례로는 2021년 월패드 해킹 사건이 있다. 월패드는 아파트에서 영상통화, 문 열림 제어, CCTV 확인 등의 기능을 제공하는 홈 디바이스지만 보안이 취약하다는 점이 악용되었다. 해커들은 약 700여 단지의 월패드에 원격으로 접속하여 가정 내부를 불법 촬영한 영상을 인터넷에 유출했다. 특히 이러한 영상이 다크웹에서 거래되거나 공유되며 많은 피해자들의 사생활이 심각하게 침해되었고, 이는 사회적으로 큰 공분을 일으켰다.

이 사례들은 IoT 기기의 보안이 얼마나 취약할 수 있는지를 잘 보여준다. 이러한 보안 문제를 해결하기 위한 기술로 엣지 컴퓨팅(Edge Computing)이 주목받고 있다.

엣지 컴퓨팅은 데이터를 처리하는 작업을 중앙 서버(클라우드)에서 수행하는 대신, 데이터가 생성되는 근처

(엣지)에서 처리하는 기술이다. 여기서 '엣지'란 네트워크의 가장자리에 있는 장치를 의미하며, IoT 기기 근처에 위치한 게이트웨이, 라우터, 또는 소형 서버가 해당된다. 예를 들어 스마트폰의 얼굴 인식 기능이 클라우드 서버로 데이터를 보내 처리하는 대신 스마트폰 내부에서 직접 데이터를 처리한다면 이를 엣지 컴퓨팅이라고 할 수 있다. 이렇게 하면 처리 속도가 빨라지고 데이터가 외부로 전송되지 않아 보안이 강화되는 장점이 있다. 아래에서는 엣지 컴퓨팅을 활용한 보안을 Iot 침입 탐지 시스템과 데이터 보호의 관점에서 설명하겠다.

침입 탐지 시스템(IDS)은 네트워크에서 의심스러운 활동이나 보안 위협을 탐지하는 데 사용되며, 엣지 기반 IDS는 실시간 데이터 분석과 협력적인 탐지를 통해 보안을 강화한다. 예를 들어 미라이 봇넷 같은 대규모 네트워크 공격에서도 엣지 기반 IDS가 있었다면 초기 단계에서 공격을 감지하고 피해를 줄일 수 있었을 것이다. 엣지 기반 IDS는 네트워크 트래픽을 실시간으로 모니터링하고, 각 엣지 장치에서 데이터를 분석하여 이상 활동을 탐지한다. 탐지된 결과를 바탕으로 네트워크 설정을 조정해 위협을 차단하거나 제한함으로써 보안 수준을 높인다.

엣지 컴퓨팅은 또한 IoT 데이터를 안전하게 처리하여

민감한 정보를 보호하는 데 중요한 역할을 한다. 프라이버시 보호 설계는 데이터를 엣지에서 처리하여 클라우드로 전송되는 정보의 민감한 부분을 숨기면서도 필요한 정보는 활용할 수 있게 한다. 만약 미라이 봇넷 사태 당시 엣지 컴퓨팅 기반 프라이버시 보호 시스템이 있었다면, IoT 기기에서 발생한 데이터를 엣지에서 처리하여 공격자가 민감한 정보에 접근하지 못하도록 차단할 수 있었을 것이다. 엣지 컴퓨팅은 실시간 데이터 처리와 협력적인 탐지, 그리고 프라이버시 보호를 통해 IoT 보안을 크게 강화할 수 있다. 이를 통해 IoT 시스템의 취약점을 보완하고 네트워크 공격과 민감한 데이터 유출로부터 안전한 환경을 구축할 수 있다.

IoT 시스템은 방대한 네트워크와 수많은 기기를 통해 편리함을 제공하지만, 동시에 대규모 공격에 노출될 위험을 안고 있다. IoT 데이터는 개인의 민감한 정보를 포함하고 있으며, 이를 효과적으로 보호하지 않으면 악의적인 사용자에게 이용되어 심각한 결과를 초래할 수 있다. 따라서 IoT 시스템 보안은 단순한 기술적 과제가 아니라 우리의 데이터 주권과 프라이버시를 지키기 위한 필수적인 노력이다. 안전한 데이터 처리를 위한 강력한 보안책을 마련함으로써 우리의 데이터가 더 이상 부적

절하게 활용되지 않도록 해야 할 것이다.

참고문헌

한국인터넷진흥원(2022). 지능형 IoT 사회의 보안 이슈 분석. https://www.kisa.or.kr/20301/form?postSeq=13&lang_type=KO&page=1

한국전자기술(2022). IOT(사물인터넷)란 무엇인가. https://k-rnd.com/iot%EC%82%AC%EB%AC%BC%EC%9D%B8%ED%84%B0%EB%84%B7%EB%9E%80-%EB%AC%B4%EC%97%87%EC%9D%BC%EA%B9%8C/

Alsoufi, M. A., et al.(2021). Anomaly-based intrusion detection systems in iot using deep learning: A systematic literature review. *Applied sciences*, 11(18), 8383.

Grand View Research(2024). Global Smart Home Market Size & Outlook, 2024-2030, https://www.grandviewresearch.com/horizon/outlook/smart-home-market-size/global

ITU(International Telecommunication Union)(2012). Overview of the Internet of Things. https://www.itu.int/rec/T-REC-Y.2060-201206-I/en

Mohanta, B. K., et al.(2020). Survey on IoT security: Challenges and solution using machine learning, artificial intelligence and blockchain technology. *Internet of Things*, 11, 100227, https://doi.org/10.1016/j.iot.2020.100227

Saba, T., et al.(2022). Anomaly-based intrusion detection system for IoT networks through deep learning model. *Computers and Electrical Engineering*, 99, 107810.

Sha, K., et al.(2020). A survey of edge computing-based designs for IoT security. *Digital Communications and Networks*, 6(2), pp.195–202.

Xenofontos, C., et al.(2021). Consumer, commercial, and industrial iot (in) security: Attack taxonomy and case studies. *IEEE Internet of Things Journal*, 9(1), pp.199–221.

04
딥페이크, 디지털 트윈과 개인 신원 보안

딥페이크와 디지털 트윈 기술이 대중의 주목을 받기 시작하며 보안에 대한 고찰이 부각되고 있다. 본래의 취지와 다르게 두 기술이 결합되어 사회에 미치는 좋지 않은 영향들을 대비할 필요가 있다. 개인 보안의 악용뿐 아니라 여론 조작, 사회적 분열 등 위험을 초래할 수 있기 때문이다. 이에 기술적, 윤리적으로 대응하기 위하여 사전 탐지 기술, 법적 규제, 디지털 리터러시 강화 교육이 필수적이다.

AI와 사주?

AI 기술 속 양날의 검

최근 인공지능(AI) 기술의 급속한 발전과 함께 딥페이크(Deepfake) 기술이 전 세계적으로 주목받고 있다. 특히 한국에서 발생한 사건에서는 수천 명의 여성이 본인의 동의 없이 조작된 이미지와 영상에 이용되는 일이 벌어졌고, 이는 개인의 사생활과 사회 질서 및 공공 안전에 심각한 위협을 주게 되었다.

2023년 Sumsub의 『신분 사기 보고서』에서는 2022년부터 2023년까지 아시아 태평양 지역에서 딥페이크 사건이 1530% 증가했다고 발표했다. 또한 Home Security Heroes가 발표한 자료에 따르면, 2023년 딥페이크 기술로 생성된 동영상 형태의 조작 콘텐츠는 95,280건에 달했으며, 이 중 98%가 음란물로 분류되었다. 특히 이러한 콘텐츠의 주인공 중 99%가 여성으로 조사되었다.

동시에 디지털 트윈(Digital Twin)이라는 신기술은 물리적 객체나 시스템의 디지털 복제본을 생성하여 산업 및 의료 분야에서 인간의 행동, 건강 상태, 심리 상태 등을 종합적으로 시뮬레이션할 수 있는 가능성을 열어주고 있다. 하지만 지문, 얼굴, 음성 같은 생체 정보와 행동 패턴 등 방대한 개인 데이터는 잠재적으로 악용될 가능성이 있어 보안상의 위험을 초래할 수 있다.

이러한 딥페이크 기술과 디지털 트윈 기술이 결합되면 개인 보안과 사이버 공간의 위협은 더욱 심각해질 수 있다. 개인 차원에서는 프라이버시와 존엄성이 심각하게 침해되고 사회적 차원에서는 가짜 뉴스 제작, 여론 조작, 정치 방해 등에 사용될 수 있다. 이 두 가지 기술이 결합되어 남용될 경우, 개인 보안 문제뿐만 아니라 사회적 불안과 분열을 야기할 수 있다는 것이다.

딥페이크 기술: 디지털 혁명의 빛과 그림자

딥페이크(Deepfake) 기술은 인공지능(AI)과 딥러닝 알고리즘에 기반한 콘텐츠 생성 기술로, 생성적 적대 신경망(GANs)을 핵심 원리로 하며 생성기와 판별기로 구성되는데, 생성기는 가짜 콘텐츠를 생성하고 판별기는 생성된 콘텐츠의 진위를 판단한다. 두 네트워크가 끊임없이 생성과 판별을 반복하면서 생성기는 인간과 기계가 구별하기 어려울 정도로 사실적인 이미지, 동영상, 음성 콘텐츠를 생성할 수 있게 된다. 이 기술은 개발 난이도가 낮고, 소량의 데이터와 계산 자원만으로도 구현이 가능하며, 여러 오픈 소스 도구의 확산으로 인해 비전문가도 손쉽게 현실감 높은 허위 콘텐츠를 제작할 수 있다. 이러한 기술의 높은 접근성과 확장성은 딥페이크 기술이 학문적 실험에서 대중적 응용으로 빠르게 확산되는 계기가 되었지만, 동시에 기술 남용의 가능성을 높이는 요인이 되었다.

딥페이크 대응의 중심에는 기술적 접근이 자리 잡고 있다. AI 기반 탐지 시스템은 딥페이크 콘텐츠의 메타데이터와 픽셀 패턴을 세밀히 분석하여 진위를 식별한다. 이는 단순히 콘텐츠의 진위 여부를 판단하는 기술적 도구를 넘어, 디지털 환경에서 신뢰를 회복하는 핵심 요소로 자리 잡는다. 여기에 블록체인 기술이 더해지면 딥페이크 문제를 근본적으로 해결할 수 있는 새로운 가능성이 열린다. 콘텐츠의 생성, 수정, 유통 과정을 투명하게 기록하는 블록체인은 조작과 위변조를 원천적으로 차단할 수 있는 강력한 인증 체계로 주목받는다.

하지만 기술만으로는 문제를 해결할 수 없다. 딥페이크 남용을 억제하려면 법적 규제가 반드시 뒷받침되어야 한다. 그러나 딥페이크는 국경을 초월해 퍼지는 글로벌 문제이기 때문에 국제적인 협력과 정보 공유 체계가 필수적이다. 통합된 법적 규제는 딥페이크 남용을 보다 효과적으로 차단하고, 글로벌 차원에서의 공조를 통해 범죄를 추적하고 처벌할 수 있는 기반을 제공한다. 여성 권리 보호와 신분 도용 방지를 중심으로 한 국제적 규제의 강화는 피해자들이 법적으로 보호받을 수 있는 확실한 근거를 제공할 것이다.

더불어 법적 규제가 마련되더라도 이를 효과적으로 활용하려면 사회적 대응이 뒷받침되어야 한다. 대중의 미디어 리터러시를 강화하는 것은 딥페이크 문제를 해결하는 데 필수적인 요소다. 소셜 미디어 플랫폼의 역할도 빼놓을 수 없다. 현재 Facebook과 같은 주요 플랫폼은 딥페이크 콘텐츠를 자동으로 탐지하고 삭제할 수 있는 알고리즘을 개발하고 있다. 이러한 기술은 유해 콘텐츠의 확산을 효과적으로 억제할 수 있을 뿐만 아니라, 디지털 환경의 안전성을 높이는 데 기여한다.

결론적으로 딥페이크는 기술, 법, 그리고 사회적 인식이 함께 해결해야 할 복합적인 문제다. 이 세 가지 요소가 긴밀히 연결되고 조화를 이루어 작동할 때, 우리는 딥페이크로부터 디지털 환경의 안전과 신뢰를 지킬 수 있다. 더 나아가 이러한 노력을 통해 딥페이크 기술의 긍정적인 가능성을 책임감 있게 활용할 수 있는 길도 열릴 것이다. 지금은 단순히 문제를 논의할 때가 아니라, 이를 해결하기 위한 구체적이고 조화로운 실천이 필요한 때다. 이를 통해 여성 권리를 포함한 개인의 신원을 보호하고 디지털 사회의 신뢰를 회복할 수 있을 것이다.

디지털 트윈: 인간 디지털 복제의 잠재력과 위험

딥페이크 기술이 개인 정보를 도용해 복제와 모방을 수행한다면, 디지털 트윈(Digital Twin) 기술은 이를 넘어 개인 데이터를 활용하여 진정한 "가상 인간 창조"를 가능하게 하는 방향으로 발전하고 있다. 디지털 트윈은 물리적 객체, 과정, 혹은 시스템의 행동, 성능, 특성을 정밀하게 재현하는 실시간 디지털 모델로 물리적 세계와 디지털 세계를 연결하며 데이터를 처리하는 혁신적인 도구다. 이 기술은 제조업, 의료, 스마트 도시 등 다양한 분야에서 탁월한 성과를 이끌어내고 있지만, 동시에 보안에 대한 심각한 도전과 위협을 동반하고 있다.

이 중에서도 가장 주목받는 것은 바로 "인간 디지털 트윈(Human Digital Twin, HDT)"의 등장이다. HDT는 단순히 디지털 모델에 그치지 않고 유전자 정보, 생체 신호, 행동 양식, 그리고 건강 이력까지 통합하여 개인의 디지털 복제본을 구현한다. 이를 통해 의료 전문가는 실시간으로 건강 상태를 분석하고 맞춤형 치료를 설계하며, 질병의 위험을 예측할 수 있다. 이는 의료 분야에서의 개인화된 접근을 가속화하고 글로벌 의료 품질을 높이는 데 기여하는 강력한 도구로 평가된다. 그러나 HDT

는 기술적 가능성 뒤에 숨어 있는 윤리적 문제와 데이터 보안의 중요성을 동시에 드러내고 있다.

앞으로의 위협은 더욱 복잡하고 심화될 가능성이 있다. 전문가들은 "의료 신원 도용"이 가장 일반적인 사이버 범죄 유형 중 하나로 자리 잡을 수 있다고 경고한다. 해커는 HDT 데이터를 이용해 개인의 "가짜 디지털 복제본"을 생성하고, 이를 통해 정교한 사기나 불법 활동을 수행할 수 있다. 이로 인해 피해자는 금전적 손실뿐 아니라 명예와 삶의 안정성까지 위협받을 수 있으며, 더 나아가 HDT 데이터는 사회 통제를 위한 도구로 악용될 가능성도 존재한다. HDT 데이터는 건강 상태 분석에 그치지 않고 개인의 행동 양식, 습관, 그리고 생활 환경까지 드러낼 수 있다.

HDT의 이러한 문제를 해결하려면, 초기 설계 단계에서부터 강력한 보안 조치를 통합해야 한다. AES-256과 같은 첨단 암호화 기술과 블록체인 기술을 결합하면 데이터의 무단 접근과 조작을 방지할 수 있는 강력한 보호막이 형성될 수 있다. 또한 GDPR(유럽 일반 데이터 보호 규정)과 같은 법적 프레임워크가 적용되어야 한다. GDPR은 데이터를 처리하는 조직에 투명성을 요구할 뿐만 아니라 개인에게 데이터 삭제 권리, 데이터 이전 권한 등 핵심적인 통제 권한을 부여한다. 이러한 규제는 HDT 데이터를 관리하는 기업과 기관에 법적 책임을 부여하고, 사용자의 데이터를 보다 안전하게 보호할 수 있도록 한다. 사회적 인식 제고 역시 빼놓을 수 없는 요소이다. 데이터 보안의 중요성과 이를 유지하기 위한 방법에 대한 교육은 대중의 경각심을 높이는 데 기여할 것이다. 공공 교육 캠페인과 워크숍은 사이버 보안에 대한 이해를 높이고, 개인들이 자신을 보호하는 방법을 학습할 기회를 제공한다.

HDT는 인간의 삶과 건강을 향상시키는 데 있어 막대한 잠재력을 지니고 있다. 그러나 그 잠재력을 최대한 활용하기 위해서는 기술적 발전과 함께 강력한 법적 규제, 그리고 사회적 인식이 조화를 이루어야 한다. 이를 통해 HDT는 인간에게 유익함을 제공하는 도구로 자리 잡을 뿐만 아니라, 디지털 시대의 자유와 존엄성을 보호하는 데 중요한 역할을 할 수 있을 것이다.

참고문헌

Buchanan, B.(2019). *The Hacker and the State: Cyber Attacks and the New Normal of Geopolitics*. Harvard University Press.

California Legislative Information.(2019). AB-730 elections:

Deceptive audio or visual media.
https://leginfo.legislature.ca.gov

Chesney, R. & Citron, D. K.(2019). Deepfakes and the New Disinformation War. *Foreign Affairs*, 98(1), pp.147–153.

Chesney, R. & Citron, D. K.(2019). Deepfakes and the New Disinformation War. *Foreign Affairs*.

Deepware Scanner.(2024). Deepfake detection for everyone. https://deepware.ai

Goodfellow, I., et al.(2014). Generative Adversarial Networks. Communications of the ACM. https://arxiv.org/abs/1406.2661

Grieves, M. & Vickers, J.(2017). Digital Twin: Mitigating Unpredictable, Undesirable Emergent Behavior in Complex Systems. White Paper.

Guo J.(2021). Digital twins are shaping future virtual worlds, *Service Oriented Computing and Applications*, 15, pp.93–95.

Home Security Heroes.(2023). The State of Deepfake Videos Online. https://www.homesecurityheroes.com/deepfake-report/

Loveys Kate, et al.(2023). The Impact of Virtual Humans on Psychosomatic Medicine, *Psychosomatic Medicine*, 85(7), pp.619–626.

Muller, T. & Rumpe, B.(2020). *Modeling with UML: Language, Concepts*, Methods. Springer.

Schwartz, M. J.(2021). The Rise of Deepfake Technology. *Cybersecurity Journal*.

Smith, J. A.(2020). Ethical Implications of Digital Twin Technology. *Journal of Information Security*.

Starling Lab.(2023). Starling framework for data integrity.

https://starlinglab.org

Sumsub.(2023.11.28). APAC Deepfake Incidents Surge 1530% in the Past Year Amidst Evolving Global Fraud Landscape. https://www.prnewswire.com/apac/news-releases/apac-deepfake-incidents-surge-1530-in-the-past-year-amidst-evolving-global-fraud-landscape-301999070.html

Wilson, K. & Zhang, L.(2022). Advanced Encryption for IoT and Digital Twins. *Cybersecurity Trends.*

05
드론과 사이버 전쟁

드론은 단순한 정찰기기를 넘어 첨단 무기 시스템으로 발전하며 군사 작전에서 정보 수집, 공격 및 방어를 수행하는 핵심 도구로 사용되지만, 해킹이나 신호 방해에 취약하다. 사이버 공격자는 드론의 제어를 빼앗거나 잘못된 정보를 전송해 군사 작전을 방해할 수 있다. 강력한 암호화 기술, 안전한 통신 프로토콜, 침입 탐지 시스템을 통해 드론의 보안을 강화해야 하며 드론 방어용 인공지능 SW와 하드웨어에 대한 지속적인 업데이트와 기술 개발이 필수적이다.

AI와 아이돌?

드론의 사용 증가

일상생활에서 우리는 이전보다 드론을 많이 목격하고 있고, 드론의 사용 빈도도 증가하고 있다. 인도에서는 농업용 드론을 이용해 농업의 생산성을 상승시키고 아마존, 배달의 민족과 같은 물류업 혹은 유통업을 진행하는 기업들에선 드론을 이용해 유통업의 생산성 향상을 도모하고 있다. 이 외에도 일상생활에서의 드론의 사용은 건설, 에너지, 물류, 재난구조, 교통 관측, 과학 연구, 농업, 환경 오염 제거, 촬영, 취재, 취미 등 각종 분야로 활동 영역이 사실상 무한대로 넓어졌다. 그리고 이렇게 사용 분야가 많아지면서 실제 기업들에서도 이를 활용한 마케팅 혹은 기업 활동을 진행하는 방향을 가지고 있다.

위에서 언급한 상용화된 드론들의 주 기술은 주로 인간에 의해 조종되는 드론들이 대다수다. 그러나 ChatGPT와 같은 고성능 AI들이 등장하면서 드론의 조종 기술이 자율적으로 이루어지는 방향으로 연구가 이루어지고 있다. AI 기술과 다르게 과거에 인간이 발명하고 인간이 발전시킨 기술들은 인간에 의해 통제되고 조종되었다. 그리고 대다수 기술들은 인간의 이득을 위해 사용이 되어왔다. 그리고 해당 기술이 인간에게 더 이상 이용 가치가 없어지면 인간 스스로 발전시키거나 혹은 폐기하였다. 하지만 AI의 기술이 과거의 기술들과 가장 다른 점은 자율적 학습이 가능하다는 점이다. 물론 자율적 학습이라는 부분이 완전히 자율적으로 이루어지는 것은 아니지만, 인간의 명령어 하나 혹은 코드 하나만 있다면 거의 완전한 자율 학습이 가능하다. 이는 AI 기술의 드론 적용은 드론의 자율화가 이루어진다는 것을 뜻한다. 말 그대로 영화나 혹은 소설에서 보던 자율 비행 드론이 상용화된 세상에서 살아가게 된다는 것을 의미한다. 그리고 이 기술의 발전은 이전의 전통적인 드론이 다양한 산업 분야를 발전시키는 원동력이 되었듯이 또 다른 원동력이 될 것이다. 이는 AI 기술 발전이 가져다주는 긍정적인 영향이다.

그러나 이에 대한 우려의 목소리 역시 적지 않다. 이는 앞서 말한 AI 기술의 특징으로 인해 우려되는 점이다. AI의 자율성은 말 그대로 양날의 검으로 작용할 것이다.

테슬라(Tesla)의 CEO인 일론 머스크는 자율 주행 자동차 기술을 만들어내면서도 기술에 대한 우려를 표명하고 있다. 또한 드론 라이프 네트워크(Drone Life Network)의 미리암 맥내브는 "드론의 내구성, 완벽한 AI, 대규모 데이터 세트 관리, 정보의 정확성 등의 기술적 문제가 해결돼야 한다"고 말했다. 이렇게 AI 기술의 드론 적용은 인간에게 이로움을 줄 것이 분명하면서도 매우 큰 위험성이 있는 기술이라는 점이다.

이렇게 드론의 AI 기술 적용은 양날의 검이라고 평가된다. 그래서 앞으로 설명해드릴 내용은 AI 기술이 적용된 드론은 전쟁에서 어떤 역할을 하고 있고, 앞으로의 미래전은 어떤 양상으로 적용될지 소개하고자 한다.

드론의 사용이 전쟁에서 증가

우크라이나의 드론 활용

서방측이 제공한 드론의 활용을 이용하고 있다. 미국이 우크라이나에게 스위치블레이드 카미카제 드론 100대를 제공했다. 이 드론은 탱크와 장갑차를 파괴하도록 설계된 드론으로 알려져 있다. 또한 120대 이상의 피닉스 고스트(Phoenix Ghost) 공격용 드론을 공급할 것이라고 밝혔다. 그리고 미국은 MQ-1C 무인 항공기를 우크라이나에 제공하려 했으나 러시아에 넘어갈 수 있다는 우려로 제공되지 않았다.

이 외에도 우크라이나는 산업용 드론과 정부-민간 합동 프로젝트로 제작한 드론을 활용하고 산업용 드론에는 대구경 폭탄을 실어 공격을 하기도 했다. 이 산업용 드론은 미국이 제공한 고가의 드론으로, 튀르키예가 제공한 바이락타르와 다르게 수직 이착륙이 가능해 러시아에 비해 열세인 우크라이나가 아스팔트나 지상에서도 발사 할 수 있다는 점이 이점으로 작용하고 있다.

러시아의 드론 활용

러시아군은 우크라이나 전쟁 초기부터 러시아가 자체 개발한 공격용 드론을 사용했다. 그러나 포병용으로 사용하는 Orlan 정찰 드론 등을 제외하고는 공격용 드론이나 자폭 드론은 이제 막 개발 단계를 지나 시험 생산 수준에 그쳤다. 이런 문제들로 인해 튀르키예나 이란이 개발한 외국산 드론을 활용하려 했으나 서방의 제재로 인해 무산되었다. 이에 따라서 러시아는 직접 드론을 개발하기로 하였다. 'Orlan-30'은 Orlan-10의 업그레이드 버전으로 시리아에서 테스트한 후 2020년부터 러시아군에서 운용하였다. '오리온' 은 정찰과 공격 등 다용도 무인 항공기로 포르포스트를 대체하여 2020년부터 러시아군에 보급할 예정이었다.

러시아는 공격용 드론 이외에 기타 드론 사용에도 매우 적극적이다. 자폭 드론인 '쿠브'와 '란셋'을 활용해 2022년 6월 초에는 이들의 성능이 효과적임을 밝혔다. 쿠브는 2022년에 러시아군에 순차적으로 인도되기 시작해 지금까지 사용 중이고 란셋은 자율성이 높고 독자적으로 표적을 찾아 타격할 수 있는 광전자 시스템을 탑재하고 있다. 그리고 다른 기타 드론인 헬리콥터형 수송 드론인 '트람프'를 개발해 사용하고 있다. 이 드론은 최대 250kg의 화물을 600km 이상의 거리로 운송 및 낙하시킬 수 있는 드론이다. 그리고 추가적으로 러시아 엔지니어들은 드론과 다른 항공기 간의 충돌을 경고하고 방지하는 시스템을 개발하고 있다. 도시 상공을 비행할 민간 드론에 이러한 충돌 방지 시스템을 탑재할 경우 유용할 것으로 예상되고 있다.

이러한 군대에서의 활용 외에도 드론은 각종 정부 분야에서 활용되고 있는데, 대표적인 예로 Anduril Industries의 Ghost 드론 시리즈가 있다. Anduril Industries는 드론 및 자동화 시스템 분야에서 두각을 나타내고 있는 미국의 방위산업체로, Ghost 드론은 고성능 주간 카메라와 열화상 카메라를 탑재한 소형 드론이다. 또한 자사의 Lattice 시스템이라는 AI 플랫폼과 통합되어 실시간으로 데이터를 분석하고 결정을 내릴 수 있으며, GPS와 센서를 통해 사람의 개입 없이 자율적으로 작전을 수행할 수 있다. 이는 적대적인 환경에서도 조종자의 부담을 최소화하여 작전을 수행할 수 있다는 장점이 있으며, 또한 Lattice 플랫폼을 통해 여러 대의 드론과 연결하여 작전의 효율성을 증대시킬 수 있다는 장점이 있다. 현재 미국 국경순찰대에서 Anduril 사의 드론을 사용하여 국경 지역을 감시하고 있으며, 군사 작전 및 중요 시설에 대한 경비 임무도 수행할 수 있다. 이렇게 전장에서의 드론의 중요성이 부각되면서 사용할 효과적인 드론을 개발, 생산하는 것뿐만 아니라 적의 드론에 대응하는 방법을 강구하는 것 또한 중요한 요소로 떠오르게 되었다. 필자는 과거부터 현재까지 쓰이고 있는 드론에 대한 대응법과 드론 운용 체계에 대한 공격, 그리고 미래에 사용될 대응 체계에 대한 소개를 하고자 한다.

드론의 대응

전장에서 드론에 대한 대비책은 다양하게 존재하며, 이는 드론의 위협 수준, 운용 환경, 기술적 여건 등에 따라 선택적으로 적용된다. 드론에 대한 대응은 크게 물리적인 격추 방법과 전자전을 이용한 비물리적 방해 방법으로 나눌 수 있다. 각 방법은 장단점을 가지고 있으며, 상황에 맞게 적절한 수준에서 병행하여 활용되는 경우가 많다.

먼저 물리적 격추 방법은 가장 직관적이고 오래전부

터 사용된 대응 방식이다. 보병이나 장갑차량의 화기 사격은 드론을 직접 타격하는 간단한 방법으로 소총이나 대전차 무기, 중화기 등을 활용한다. 이러한 방식은 소형 드론에는 효과적일 수 있으나, 빠르게 이동하는 드론을 명중시키는 데 기술적 어려움이 존재한다. 대공포 사격은 전통적인 대공 무기를 사용해 드론을 격추하는 방식으로, 특히 포탄에 근접 신관 같이 효율성을 강화할 수 있는 수단을 갖춘 경우 대형 드론이나 저고도 비행 드론 명중에 효과적이다. 고가치 목표의 경우, 스팅어, 이글라와 같은 보병 휴대용 대공 미사일이나 패트리어트, S-75와 같은 대공 미사일 시스템을 통해 정밀하게 격추할 수 있지만, 상대적으로 수가 많은 소형 드론에 매번 사용하기에는 경제적 부담이 크다. 최근에는 같은 드론을 활용해 상대 드론을 무력화하는 '드론 대 드론 격추' 방식 또한 이용되고 있다. 드론끼리 충돌시키거나, 무기를 장착해 상대방 드론을 공격하는 것이다. 또한 각 국에서 현재 개발중인 레이저와 같은 지향성 에너지 무기를 이용하는 방법도 있다. 이는 기반 시설을 마련하는 데 성공하면 한번 사용하는 데 단가가 저렴하며 소형 군집 드론에 특히 효과적이어서 현대적 대안으로 각광받고 있다.

한편, 전자전을 통한 드론 대응은 물리적 격추와 달리 드론과 조종자 간의 통신을 방해하거나 드론 자체를 교란시켜 작동 불능 상태로 만드는 방법이다. 이러한 방식은 물리적 파괴를 위한 탄약과 미사일 등의 자원을 소모할 필요 없이 드론을 제압할 수 있는 장점이 있다. 대표적으로 재밍(Jamming) 기법이 있다. 이는 드론과 조종자 간 통신 주파수를 방해하여 명령 전달을 차단하는 방식으로, 드론이 통신을 잃고 의도된 비행을 멈추게 만든다. 스푸핑(Spoofing)은 위성 항법 시스템(Global Navigation Satellite System, GNSS)을 교란하여 드론이 잘못된 방향으로 이동하도록 유도하는 기술이다. 가짜 GNSS 신호를 보내는 방법 등이 사용되는데, 이를 통해 적 드론을 의도된 전장 밖으로 유인하거나 착륙시키는 등의 조작이 가능하다. 하이재킹(Highjacking)은 통신 프로토콜을 해킹하여 드론의 통제권을 빼앗는 방식이다. 이를 통해 적 드론을 아군의 목적으로 활용할 수 있으며, 드론 소프트웨어의 취약점을 이용하는 경우가 많다. 마지막으로 드론 소프트웨어에 바이러스를 삽입해 시스템을 무력화하거나 이상 동작을 유발하는 방식도 존재한다. 이러한 방식은 사전 작전의 일환으로 수행되며, 전장에서 유리한 조건을 만들어준다.

결론적으로 드론 위협은 계속 진화하고 있으며, 이에 대응하기 위한 기술과 전략도 점점 더 다양해지고 있다. 물리적 격추 방법은 직접적이고 신속한 대응 수단을 제공한다. 그러나 전자전을 통한 비물리적 방해는 기반 기술을 마련하는 데에 시간이 걸리지만, 경제적이고 지속 가능한 대안으로 자리 잡고 있다. 효과적인 드론 대응 전략은 상황에 맞게 두 가지 방식을 조합하여 사용하는 것이다. 이를 통해 드론으로 인한 위협을 효과적으로 관리하고 전장에서 전략적 우위를 유지할 수 있을 것이다.

드론 기술의 발전과 함께 대드론 전술 역시 점차 복잡해지고 정교해지고 있다. 이에 따라 원활한 드론 운용을 원하는 쪽에서는 이러한 대드론 전술에 대응하기 위한 다양한 방법들이 개발되고 있다. 먼저 대드론 전술의 핵심 중 하나인 전자전에 대응하기 위해 드론과 조종자 간의 통신 보안을 강화하는 기술이 적극적으로 활용되고 있다. 그중에서도 이미 재래식 군용 통신에서 널리 사용되고 있는 주파수 도약 기술은 드론의 운용에서도 효과적인 대항책으로 사용되고 있다. 주파수 도약은 통신 주파수를 빠르게 전환하여 신호를 추적하기 어렵게 만드는 기술로, 적의 재밍(Jamming) 시도를 무력화시키는 데 유용하다.

더불어 인공지능(AI)을 활용한 드론 운용은 대드론 전술을 무력화할 수 있는 또 다른 중요한 수단으로 떠오르고 있다. 항법과 정찰, 교전에 인공지능이 적용된 드론은 조종자의 개입을 최소화하여 운용할 수 있기 때문에, 재밍이나 하이재킹을 통해 드론 운용 능력을 저해하려는 시도를 효과적으로 방어할 수 있다. 특히 드론에 GNSS에 추가로 자체적으로 탑재된 자이로스코프를 통해 위치를 계산하는 관성항법체계(INS)를 탑재하면 GPS 신호를 교란하거나 위조하는 스푸핑(spoofing) 공격에 대한 저항력을 확보할 수 있다. 이러한 기술은 드론이 조종자의 통제 신호 의존도를 줄이고 스스로 경로를 탐색하거나 임무를 수행할 수 있도록 지원한다.

직접적인 격추의 효율성을 하락시키는 방법 역시 다방면에서 개발되고 있다. 첫 번째로는 드론의 소형화가 있다. 소형화된 드론은 탐지와 추적이 어려워 적이 격추하기 어렵게 만들 수 있다. 또한 소형화된 드론을 대량으로 운용하는 스워밍(Swarming) 전술이 이러한 대드론 전술에 대한 강력한 대안으로 주목받고 있다. 스워밍 전술은 수백 대의 소형 드론이 집단으로 작동하여 적의 레이더나 광학 및 적외선 탐지 방어 체계를 혼란에 빠뜨리고, 동시에 적의 대공포나 미사일 플랫폼을 통한 격추 능력을 수적으로 압도함으로써 성공적으로 원하는 목표를 달성할 수 있는 전략이다. 이러한 기술은 드론 운용의 유연성과 효율성을 극대화함과 동시에 적의 대응 수단을 압도하여 임무를 달성하는 데 기여한다.

또한 드론의 피탐지율을 하락시켜 처음부터 격추될 위험을 줄이려는 노력 또한 계속되고 있는데, 대표적인 예로 이미 스텔스 전투기에 활용되고 있는 레이더 흡수 물질(RAM, Radar Absorbing Material)을 코팅하는 것과 표면에 다면체 구조를 적용하여 드론에 반사되는 레이더파를 여러 방향으로 분산시켜 탐지 신호를 약화시키는 것 등이 있다. 또 열 반사 소재와 에어로젤 같은 열 전도성이 적은 소재를 활용해 드론 자체의 열이 외부로 방출되지 않도록 하고, 내부의 열을 직접 냉각장치로 분산시키고 표면을 냉각시켜 열화상 감시 시스템에 감지되지 않도록 하는 설계 또한 최신 군용 드론에 적용되고 있다. 상술된 기술을 설계에 적용하여 생산한 드론으로는 미국의 RQ-170 센티넬, 중국의 CH-7, 러시아의 수호이 S-70과 오호트니크-B 등이 있다.

결론적으로 대드론 전술의 발전은 드론 기술의 한계를 시험하는 동시에 그에 대한 혁신적이고 전략적인 대응책을 개발하도록 촉진하고 있다. 통신 보안의 강화,

인공지능의 활용, 관성 항법 체계의 도입, 드론의 소형화, 그리고 스워밍 전술은 이러한 대응 전략의 핵심 요소로 자리 잡고 있다. 앞으로도 이러한 기술들은 드론 전장에서의 우위를 확보하기 위한 중요한 도구로 사용될 전망이다.

드론의 미래

많은 국가들이 인지하고 있듯이 전쟁은 소모전이기에 어떤 방식이 가장 효율적인지 항상 고민하고 연구하고 있다. 그리고 그에 대한 현대전의 대답은 드론이다. 드론은 고가의 미사일 혹은 무기들에 비해서는 매우 저렴한 무기이다. 그러면서도 가격 대비 공격 효율은 매우 뛰어나다. 그리고 제일 중요한 것은 공격하는 입장의 인명피해 역시 매우 드물다. 이에 따라 많은 국가들은 드론의 무기화를 이미 실행중에 있다. 미국은 우크라이나와 러시아의 전쟁에서 드론들의 역할을 보고 자신들이 계획하고 있던 AI의 도입을 더 빠르게 도입하려고 하고, 튀르키예는 바이락타르라는 공격용 드론을 우크라이나에 제공해 드론의 성능을 실험하고 있다. 또한 우크라이나와 전쟁 중인 러시아는 푸틴이 직접 드론 산업 육성을 지시했을 정도로 전쟁을 진행 중인 국가들은 드론의 활용에 매우 적극적이다. 이에 따라서 타 국가들 역시 전쟁에서 드론의 역할의 중요성을 깨닫고 있다.

대한민국만 하더라도 드론의 중요성을 너무나도 직접적으로 느끼고 있다고 생각한다. 북한의 오물 풍선이 대표적인 예시이다. 북한의 오물 풍선을 AI를 활용한 드론이라 보기에는 터무니없지만 오물 풍선의 위험성은 상당하다. 만약 북한이 점진적으로 오물 풍선을 국가 핵심 시설 타격용으로 폭탄을 실어 날린다거나 혹은 유독성 화학 물질을 오물 풍선을 통해 퍼뜨린다면 이는 매우 위험한 쓰레기일 것이다. 이렇게 각국들은 여러 가지 사유로 인해서 드론의 중요성을 실감하고 있다. 그리고 이 중요성의 실감은 앞으로의 미래전에서 나타날 것이라 생각한다. 미래전은 드론들의 싸움이 될 것이라 예측해도 될 정도로 많은 국가들에서 드론 그리고 무인 항공기에 대한 투자를 아끼지 않고 있다. 미래전은 기계와 기계의 싸움이라고 해도 과언이 아닐 정도일 것이다. 드론은 단순히 적성국을 공격하는 역할만이 아니라 정찰, 교란 혹은 침투와 같은 인간이 직접 실행하는 경우, 인명 피해가 일어날 수밖에 없는 고난이도 위험 임무를 인명 피해 없이 정확하게 할 수 있다.

앞서 설명한 드론들의 역할, 그리고 대드론 전략이 미

래에 특정의 한 가지 방식으로 변화한다고 단정 지어 말하기에는 어려울 것이라 생각된다. 앞에서 말한 드론들의 전쟁에서 보여준 역할들이 완전히 AI 기술이 적용된 드론들의 활용이라 보기에는 어렵다. 여전히 인간의 통제를 받고 그에 따른 명령에 따라 움직이는 기계의 역할에 더 유사하다고 보는 게 타당하다. 그러나 AI 기술은 지금 이 글을 쓰는 와중에도 발전하고 있고, 그에 따라 드론에게 적용되는 AI의 기술도 현재 전장에서 사용되는 기술보다 발전할 것이다. 그리고 이렇게 발전된 AI 기술의 적용은 드론의 자율화를 만들어 드론 개체 수 하나하나가 모두 위협적인 역할로 변화할 것이라는 생각을 한다. 이는 미래에는 과거보다 인명 피해가 현저히 적어지고, 오히려 마치 게임에서 기계를 사용하는 방식처럼 기계와 기계의 대결이 주를 이루는 방식으로 변화할 것이라 생각된다.

참고문헌

권가림(2024.11.10). 우크라이나, 러시아 모스크바에 최대 규모 드론 공격, ≪아주경제≫,
https://www.ajunews.com/view/20241110195719725

김민석(2024.2.13). 국방과학연구소, 세계 최고 수준 '드론 요격체계' 개발 돌입. ≪비즈한국≫,

https://www.bizhankook.com/bk/article/27092

김민진(2024.8.17). 러시아-우크라이나 전쟁에 활용된 AI, 첨단기술은?. ≪테크월드뉴스≫, https://www.epnc.co.kr/news/articleView.html?idxno=305272

김영술(2024.8.8). 우크라이나 전쟁과 고려인〉우크라이나 전쟁에서 데이터는 AI를 구동하는 연료. ≪전남일보≫, https://www.jnilbo.com/74478736142

김진환 · 이성훈(2023). 우크라이나 전쟁과 드론, 한국 산업에 대한 시사점. ≪월간 KIET 산업경제≫, https://www.kiet.re.kr/upload/economyDetail/2797/230048D42C_1677482993464_2797.pdf

박수찬(2024.11.3). 박격포를 드론으로 바꾼다고? "만능론 · 무용론 도움 안돼". ≪세계일보≫, https://www.segye.com/newsView/20241101511724

박유환(2019.4.8). AI와 드론의 콜라보, '자율비행드론' 탄생할까?. ≪AI타임스≫, https://www.aitimes.com/news/articleView.html?idxno=46763

성혜미(2022.2.20). 인도, 농업용 드론 100대 띄워…"새로운 농업시대 이정표". ≪연합뉴스≫, https://www.yna.co.kr/view/AKR20220220019200104

손형주(2022.1.14). 한밤 발코니에 추락한 드론…해안가 아파트 엿보는 사생활 테러. ≪연합뉴스≫, https://www.yna.co.kr/view/AKR20220114055800051

BBC NEWS 코리아(2024.11.12). 드론, 포탄, 전자전... 우크라 전쟁을 통해 알 수 있는 전쟁의 모습은?. https://www.bbc.com/korean/articles/cd7nr05p2g8o

Brianna Rosen(2023.10.3). AI and the Future of Drone Warfare:

Risks and Recommendations. Just Security, https://www.justsecurity.org/89033/ai-and-the-future-of-drone-warfare-risks-and-recommendations

GPS Patron(2024.8.5). Selecting Optimal Anti-Spoofing and Anti-Jamming Techniques for Resilient GNSS. https://gpspatron.com/selecting-optimal-anti-spoofing-and-anti-jamming-techniques-for-resilient-gnss

Gunther, C.(2014). A Survey of Spoofing and Counter-Measures. Navigation, *Journal of the Institute of Navigation*, 61(3), pp.159-177, https://doi.org/10.1002/navi.65

Tualcom(2023.10.10). GPS / GNSS Anti-Jamming Systems: The Key to Precision Positioning and Security. https://www.tualcom.com/gps-gnss-anti-jamming-systems-the-key-to-precision-positioning-and-security

Will Knight(2024.5.28). Anduril Is Building Out the Pentagon's Dream of Deadly Drone Swarms. Wired, https://www.wired.com/story/anduril-is-building-out-the-pentagons-dream-of-deadly-drone-swarms

06
랜섬웨어 사이버 테러 사례

미국은 여러 사이버 공격 사례를 경험했으며, 특히 2019년 Spring Hill Medical Center와 2021년 Colonial Pipeline의 랜섬웨어 공격으로 큰 피해를 입었다(Srinivasan & Kuan, 2023). 이들 사례는 미국 인프라의 보안 취약점을 드러내며 보안 강화의 필요성을 시사한다. 또한 암호 화폐는 탈중앙화 특성으로 해킹과 랜섬웨어의 주요 타깃이 되고 있으며, 거래소 해킹과 지갑 정보 유출 등의 공격이 증가하고 있다. 이를 막기 위해 강화된 암호화 기술과 보안 프로토콜 개발이 필요하다.

AI와 야구?

랜섬웨어 공격

미국은 여러 주요 사이버 공격 사례를 경험했으며, 그중 일부는 심각한 피해를 초래하였다. Spring Hill Medical Center는 2019년 랜섬웨어 공격을 받아 의료 서비스가 중단되었고, 이로 인해 환자 치료에 차질이 생기고 중요한 의료 데이터가 암호화되는 등 큰 피해를 입었다. 또한 2021년에는 Colonial Pipeline이 랜섬웨어 공격을 받아 송유관 운영이 중단되었고, 그 결과 미국 동부 지역에서 연료 공급에 심각한 차질이 발생하여 연료 부족 사태와 가격 급등을 초래하였다. 이러한 사례들은 미국의 핵심 인프라와 서비스가 사이버 공격에 취약하다는 것을 보여주며, 보안 강화를 위한 즉각적인 조치가 필요함을 시사한다. 암호 화폐는 탈중앙화된 특성 때문에 보안 취약점이 존재하며, 해킹이나 랜섬웨어 공격의 주요 타깃이 되고 있다. 또한 최근에는 암호 화폐 거래소 해킹, 지갑 정보 유출, 스마트 계약의 취약점 공격 등이 증가하고 있다. 이를 예방하기 위해서는 강화된 암호화 기술과 보안 프로토콜의 개발이 반드시 필요하다.

랜섬웨어는 사용자의 파일이나 시스템에 접근을 차단하고 이를 복구하기 위해 금전을 요구하는 악성 소프트웨어이다. 공격자는 데이터를 암호화한 후, 이를 복호화하기 위한 대가로 특정 금액을 요구하는데 이는 주로 피싱 이메일, 멀웨어 다운로드, 또는 소프트웨어 취약점을 이용해 시스템에 침투한다. 사용자가 감염된 파일을 열거나 악성 웹사이트를 방문함으로써 감염될 수 있다. 침투 후, 랜섬웨어는 사용자 파일을 암호화하고, 복호화 방법과 함께 금전 요구 메시지를 표시한다. 공격자는 보통 비트코인과 같은 암호 화폐로 지불을 요구하며, 이는 추적을 어렵게 만들어 범죄자에게 유리한 특성을 가진다.

Springhill Medical Center(SMC)는 2019년 7월 8일 랜섬웨어 공격을 감지하고, 몸값을 지불하지 않기로 결정하였다. 병원은 시스템을 차단하고 네트워크를 보호했으나, 일부 직원들은 공격 사실을 알지 못하고 혼란에 빠졌다. 이후, 병원은 공격을 통제하고 외부 전문가의 도움을 받으며 시스템을 복구했으나 공격자는 밝혀지지 않았다. 이 공격은 러시아 기반의 Ryuk 갱단의 소행으로 추정되며 갱단은 이전에 여러 병원들을 공격했다. 같은 시기에 티에란니 키드(Teiranni Kidd)는 병원에서 출산 중 태아의 심각한 뇌 손상으로 딸을 잃었고, SMC와 의사를 상대로 소송을 제기하였다. 키드는 병원 측이 사이버 공격으로 인해 의료 시스템에 문제가 있었고, 그로 인해 안전이 위협받았다고 주장하였다. 병원은 공격에 대한 법적 의무를 부인했으며, 의사는 시스템 오류가 출산에 영향을 미치지 않았다고 주장했다.

SMC는 2019년에 랜섬웨어 공격을 받은 764개 의료기관 중 하나였으며, 2021년에는 공격을 받은 기관 수가 1203개로 증가하였다. 이 사건은 사이버 공격이 의료 기관에 미치는 심각한 영향을 잘 보여주며, 의료 기관은 사이버 보안을 강화하고 공격에 신속하게 대응할 수 있는 체계를 마련해야 한다는 교훈을 남긴다.

사이버 공격, 단순한 해킹을 넘어선 국가적 재앙

2021년 5월 7일, Colonial Pipeline 회사는 DarkSide라는 랜섬웨어 공격을 받았다. Colonial Pipeline은 미국 동부와 남부 지역에 연료를 공급하는 중요한 에너지 인프라로, 이 회사의 파이프라인 시스템은 미국 에너지의 약 40%를 담당하고 있다. 당시 공격은 미국 내 에너지 공급망에 심각한 영향을 미쳤으며, 그로 인해 미국 동부 여러 주에서 연료 공급 부족과 가격 상승 현상이 발생했다. 특히 공격자는 구식 VPN 계정을 통해 회사의 보안망에 침투한 뒤, 중요한 데이터를 암호화하고 이를 복구하기 위한 몸값을 요구했다.

DarkSide는 'Ransomware as a Service(RaaS)'라는 새로운 사이버 범죄 모델을 운영하는 조직으로, 이번 공격을 통해 450만 달러의 비트코인 몸값을 요구했다. 처음에 Colonial Pipeline은 몸값을 지불하지 않겠다고 결심했으나, 시스템 복구의 시급함을 고려해 결국 440만 달러를 지불하고 파이프라인을 복구했다. 이 사건은 단순히 한 회사의 피해에 그치지 않고, 국가와 글로벌 경제에까지 심각한 영향을 미쳤다. 공격자의 침투 경로는 구식 VPN 계정과 이중 인증 미적용이었다. 보안 취약점이 방치된 결과, 해커는 회사 시스템에 쉽게 침입할 수 있었다. 이번 사건은 기업들이 사이버 보안에 대한 경각심을 더욱 높여야 한다는 중요한 교훈을 준다. 미국 정부는 이를 계기로 사이버 보안 법규를 강화하고, 기업들이 보안 체계를 철저히 구축할 수 있도록 요구한다. 중요한 인프라에 대한 보호가 절실히 필요하다는 사실을 깨닫게 된 것이다.

또한 랜섬웨어 공격으로 인한 경제적 손실은 단기적인 피해를 넘어 장기적으로 기업의 신뢰도와 운영 효율성에 심각한 영향을 미친다. 공격자들은 비트코인과 같은 암호 화폐를 이용해 추적을 피하고 사이버 범죄의 단서를 없앤다. 이러한 흐름에 맞춰 정부와 기업들은 암호

화폐에 대한 이해를 높이고 실효성 있는 규제 방안을 마련해야 할 필요성이 커진다. 랜섬웨어 공격은 이제 단순히 데이터 유출에 그치지 않고 국가 경제에 심각한 영향을 미치는 수준으로 발전한다.

사이버 방어의 핵심: 강화된 암호화와 보안 프로토콜

강화된 암호화 기술과 보안 프로토콜의 개발은 사이버 공격을 예방하는 데 핵심적인 역할을 한다. 이를 위해 먼저 최신 암호화 알고리즘을 도입하여 데이터를 전송하고 저장하는 모든 과정에서 안전성을 확보해야 한다. 예를 들어 양자 컴퓨팅에 대응할 수 있는 포스트-양자 암호화 기술을 연구하고 이를 적용하는 것이 필요하다.

또한 자동화된 탐지와 실시간 반응을 통해 공격으로 인한 피해를 줄일 수 있다. 시스템은 AI를 활용하여 파일 암호화와 네트워크 활동을 모니터링하고 이상 행동을 식별한다. 이러한 모델은 랜섬웨어의 행동 패턴을 학습하고, 잠재적인 위협을 탐지하면 즉시 경고를 보내고 방어 조치를 시작한다. AI는 eBPF와 같은 커널 레벨 모니터링 도구와 결합되어 운영 체제 레벨에서의 활동을 심층적으로 감시한다. eBPF는 시스템 커널 레벨에서 발생하는 행동 정보를 캡처하고, AI의 분석 능력을 통해 고효율의 실시간 경고 시스템을 제공한다. 이를 통해 파일 시스템 작업과 네트워크 트래픽에서 이상을 감지하며, 저수준 데이터를 분석하여 랜섬웨어의 초기 행동을 빠르게 탐지하고 필요시 차단하여 확산을 방지한다. AI는 초기 공격 탐지 및 공격 추적에도 활용된다. 대량의 네트워크 데이터와 로그를 분석하여 공격 초기 단계에서 징후를 발견하고, 공격의 출처를 식별한다. 이러한 조기 경고 시스템은 시기적절한 방어를 돕고, 향후 대응 전략을 지속적으로 최적화하여 오탐을 줄이고 탐지 효율을 높인다.

전반적으로 AI의 적용은 랜섬웨어 공격에 대한 고효율적인 탐지 및 대응을 가능하게 하며, 시스템이 지속적으로 학습하면서 방어 능력을 강화시킬 수 있다

참고문헌

Bansal, U.(2021.5). A review on ransomware attack. In 2021 2nd International Conference on Secure Cyber Computing and Communications(ICSCCC). pp.221-226. IEEE.

Beerman, J., et al.(2023). A review of Colonial Pipeline ransomware attack. *2023 IEEE/ACM 23rd International Symposium on Cluster, Cloud and Internet Computing*

Workshops(CCGridW). pp.8–15.

Brewer, R.(2016). Ransomware attacks: detection, prevention and cure. *Network security*, 2016(9), pp.5–9.

Poudyal, S. & Dasgupta, D.(2020). AI–powered ransomware detection framework. *2020 IEEE Symposium Series on Computational Intelligence(SSCI)*. pp.1154–1161.

Srinivasan, S. & Kuan, J.(2023). *Ransomware attack at Springhill Medical Center*. Harvard Business School Publishing.

07
바이오 해킹과 생물 보안의 시대

바이오 해킹은 인간 DNA를 포함한 생물학적 시스템을 기술적으로 수정하는 시도이다. 이를 통해 생물정보시스템으로서의 DNA 해킹이 가능하며, 유전자 편집, mNRA 백신, xenotransplatation 등을 통해 DNA가 오염되거나 비가역적으로 변형이 일어나 다세대로 축적될 경우, 인간 고유의 유전자 무결성이 위협받고, 예측 불가능한 중대한 문제를 초래할 수 있어 생물 보안의 중요성이 지적된다.

AI와 윤동주?

인간 DNA와 생물학적 정보

"Know ye not that ye are the temple of God, and that the Spirit of God dwelleth in you?"

1 Corinthians 3:16, KJV

"Keep thy heart with all diligence; for out of it are the issues of life."

Proverbs 4:23, KJV

첫 번째 성경 구절은 우리 인간이 바로 가장 중요한 생명 창조에 대한 고유한 정보를 몸 안에 가지고 있고, 이를 후세대로 계속 전달하는 고도의 생물 정보 시스템이라는 점을 암시한다. 특히 두 번째 구절에서 가장 현명한 사람이었던 솔로몬은 무엇보다 "마음"을 지키라고 충고하고 있는데, 여기에서 히브리어 원어인 "lēḇ"(לֵב)는 단순히 마음이나 심리적 상태를 의미하는 것이 아니라 창조될 때 창조주의 이미지, 심성, 법을 담는 그릇으로서의 인간을 총체적으로 이야기한다고 본다. 하나님의 법, 즉 "정보"를 담는 "살아 있는 법궤(Living Ark)"로서의 인간에 대한 개념을 제시하는 것이다.

이런 관점에 대한 인간을 과학적으로 고찰해 보도록

하자. 인간의 DNA는 단순한 화학적 분자가 아니라 생물학적 정보의 저장, 처리, 전달을 위한 정교한 시스템으로 작동하는데, 이는 다양한 과학자들의 연구와 이론을 통해 입증되고 논의되어 온 사실이다. DNA가 "정보"로 기능한다는 개념은 생물학, 정보 이론, 물리학 등 여러 학문에서의 발견과 융합을 통해 구체화되고 있다.

DNA의 정보 처리와 외부와의 상호작용에 대한 이론적 기초는 Information Theory이다. 이를 주창한 Claude Shannon은 정보 이론은 DNA가 정보를 저장하고 전달하는 시스템으로서의 역할을 이해하는 데 이론적 기초를 제공한다 (Shannon, 1948). Shannon의 이론은 정보가 어떻게 손실 없이 효율적으로 전달될 수 있는지 설명하는데, 이는 DNA 염기 서열이 유전적 정보를 정확히 복제하고 전달하는 과정과 유사하다. Shannon의 수학적 모델은 DNA의 역할을 분석하는 데 있어 생물학적 데이터를 디지털 정보처럼 취급하는 새로운 개념적인 접근법을 가능하게 하였다.

DNA는 생물학적 정보의 저장고라는 생각은 1953년 Watson과 Crick의 DNA 이중 나선 구조 발견에 이어 구체화되며, Francis Crick은 1958년에 중앙 도그마 (Central Dogma)를 제안하면서 DNA가 생물학적 정보의 중심 저장소임을 설명했다. 그는 유전적 정보가 DNA에서 RNA로, 그리고 RNA에서 단백질로 흐르는 일방향성을 강조하며, 이러한 과정이 생명체의 모든 기능적 과정의 근본임을 밝혔다(Crick, 1958). 이 과정은 명확한 정보의 흐름으로 설명되므로 우리는 Biological Information을 전달하고 또 후세에 전하는 정보전달체이다. Werner R. Loewenstein은 그의 저서인 『The Touchstone of Life』에서 DNA를 "정보 저장 매체"로 묘사하며, 이 정보가 어떻게 세포 수준에서 전달되고 활용되는지를 설명했다(Loewenstein, 1999). 구체적으로 생명체가 단순히 물질의 집합체가 아니라 정보를 전달하고 해석하며, 이에 따라 행동하는 시스템임을 보여주었다. DNA의 4가지 염기(A, T, C, G)는 단순한 화학적 구조 이상으로, 생명체를 구성하는 복잡한 단백질과 기능을 암호화하는 디지털 코드처럼 작용한다는 것이다.

최근에 들어서 DNA는 정보를 저장하는 매체일 뿐 아니라 정보를 수신하는 안테나의 기능도 있다는 제안이 나오고 있다. Peter Gariaev와 그의 동료들은 DNA가 단순히 정보를 저장하는 역할을 넘어 생물학적 "안테나"로서 기능할 가능성을 제안했다. 그들의 연구에 따르면 DNA는 빛과 같은 전자기파를 흡수하고 방출할 수 있으며, 이를 통해 외부 환경과 상호작용할 수 있다(Gariaev, et al., 2001). 이는 DNA가 내부적 정보를 처리하는 데 그치지 않고, 외부의 물리적 신호와도 교류할 수 있다는 점에서 매우 혁신적인 관점을 제공하며 빛에 의한 Optogenesis의 관점은 빛과 원자 수준의 물질의 에너지 교환을 설명할 수 있는 양자 역학과 그 맥이 닿을 수 있는 부분이다. 또한 Luc Montagnier의 실험은 DNA가 전자기 신호를 방출하고 이를 통해 원격으로 새로운 DNA 형성을 유도할 수 있음을 보여주었다(Montagnier, et al., 2011). 이는 DNA가 전자기파에 민감하게 반응하며, 이를 통해 외부 환경에서 정보를 수집하고 변환할 수 있는 가능성을 제시한다. 이러한 발견은 DNA의 정보적 특성이 생물학적 시스템 내에서만 작동하는 것이 아니라, 더 넓은 물리적 세계와 연결될 수 있음을 시사한다.

인간 DNA의 바이오 해킹

이처럼 DNA는 단순한 유전적 정보의 저장소 이상으로, 복잡한 정보 처리 시스템이며 외부와 상호작용하는 능력을 지닌 생명체의 중심 요소이다. Crick의 Central Dogma(Crick, 1958), Loewenstein의 생물학적 정보 이론(Lowenstein, 1999), Shannon의 정보 이론(Shannon,

1948), Gariaev와 Montagnier의 전자기적 접근법은 DNA를 단순한 화학적 분자로 보는 관점을 넘어, 생명체의 정보적 본질을 이해하는 데 중요한 기여를 했다(Gariaev, et al., 2001; Montagnier, 2011). 이처럼 DNA는 생명체의 근본적인 정보 저장 장치이며 생명체를 외부 세계와 연결하는 다리 역할을 한다고 본다면, 정보 시스템을 해킹하는 사이버 안보의 개념을 인체와 DNA에 적용해 유전자 정보에 침투하는 바이오해킹(BioHacking)이라는 개념을 도출해 볼 수 있다. DNA는 단순한 유전 정보의 저장소를 넘어 정보 처리와 외부와의 상호작용 능력을 가진 시스템으로 작동한다. 이 시스템은 외부 신호에 의해 영향을 받거나 조작될 수 있으며, 이를 "해킹"으로 표현할 수 있다. 바이러스는 숙주의 DNA와 RNA를 해킹하는 자연적 사례로, RNA 바이러스는 자신의 유전 정보를 숙주의 mRNA로 전환하여 단백질 합성 기계를 납치한다. 코로나바이러스와 같은 RNA 바이러스는 숙주의 리보솜을 이용해 바이러스 단백질을 생성한다(Jinek, et al., 2012).

mRNA 백신은 바이러스의 자연적 해킹 과정을 모방하여 설계된 mRNA를 통해 세포를 조작한다. 이를 통해 세포가 특정 항원 단백질을 생성하게 하고 면역 반응을 유도한다. 예를 들어 COVID-19 백신은 스파이크 단백질을 생성하도록 세포를 유도하는데, 이는 외부 정보가 세포의 유전자 표현 시스템에 개입한 사례로 볼 수 있다. CRISPR-Cas9 기술은 유전 정보를 수정하거나 외부 정보를 삽입할 수 있는 강력한 해킹 도구이다. 설계된 가이드 RNA를 이용해 DNA의 특정 부위를 절단하거나 교체하며, 이를 통해 유전자의 기능을 조작하거나 질병 치료를 위한 새로운 유전자를 삽입할 수 있다(Zhang, 2015)

DNA가 전자기파와 상호작용하는 "안테나"로 작동할 가능성도 제기된다. 특정 전자기 신호가 DNA에 영향을 미쳐 유전자 발현을 조절하거나 변형할 수 있다는 가설은 생명체의 정보 시스템이 물리적 신호로도 조작될 수 있음을 암시한다. 결론적으로, DNA는 외부 신호나 요소에 의해 정보를 변경할 수 있는 유연한 구조를 가지며 이것은 바이러스, mRNA 기술, CRISPR-Cas9과 같은 생물학적 및 인공적 조작 메커니즘에서 확인된다. 이러한 발견은 생명체의 정보적 본질과 이를 조작할 가능성에 대한 새로운 통찰을 제공한다.

DNA 편집과 인간 DNA 보전

DNA를 편집하여 질병을 치료하는 것은 생명공학의 획

기적인 진보로, 바이오해킹의 한 형태로 간주될 수 있다. 특히 mRNA 백신은 이와 같은 바이오해킹의 또 다른 차원을 보여준다. mRNA 백신은 자연 바이러스가 인체를 감염시키는 원리를 역이용하여 인공적으로 설계된 mRNA를 투여해 세포에서 특정 단백질을 생성하도록 한다. 이는 외부 바이러스가 인체 시스템을 오염시키는 것을 방지하기 위한 방어적 바이오해킹으로 볼 수 있다. 예를 들어, COVID-19 mRNA 백신은 바이러스의 스파이크 단백질을 생성하게 하여 면역 체계가 이를 학습하도록 유도함으로써, 바이러스 감염을 예방하거나 줄이는 데 성공했다.

인체 DNA는 엄청나게 복잡한 정보 체계로 이루어져 있다. 인간 게놈에는 약 30억 개의 염기쌍이 존재하며, 이 중 단 1%에 불과한 부분이 단백질을 암호화한다. 이러한 복잡성은 DNA 편집 기술을 이용한 바이오해킹에서 중요한 고려사항이다. 예를 들어 특정 단일 뉴클레오타이드 위치만 수정하는 방식으로 치료가 가능한 질환이 있다. 대표적으로 Sickle Cell Disease는 단일 염기 치환으로 인해 발생하며, CRISPR-Cas9 기술을 사용하여 이를 교정하는 치료법이 이미 임상적으로 적용되고 있다(Doudna & Charpentier, 2014).

그러나 DNA의 여러 위치가 동시에 상호작용하는 복잡한 형질이나 질환의 경우, 바이오해킹이 의도하지 않은 결과를 초래할 가능성이 존재한다. 예를 들어 지능과 같은 다중 유전자적 형질은 여러 유전자의 복잡한 네트워크를 통해 발현된다. 특정 유전자에만 편집을 가할 경우, 예상치 못한 방식으로 다른 유전자 네트워크가 교란될 수 있다. 이러한 교란은 예상하지 못한 부작용, 예컨대 신경 발달 문제나 행동 장애와 같은 결과로 이어질 수 있다.

또한 암과 같은 질환은 DNA 내 수십 개의 유전자 돌연변이가 동시에 작용하는 복잡한 네트워크로 인해 발생한다. 특정 유전자 편집이 단기적으로는 긍정적인 효과를 가져올 수 있으나, 장기적으로는 다른 유전자 변이와의 예측 불가능한 상호작용을 초래하여 종양 형성을 유도할 가능성이 있다. 따라서 DNA를 바이오해킹하는 과정에서 나타날 수 있는 부작용은 기술적 도전뿐만 아니라 윤리적 문제를 동반한다. 즉 DNA 편집을 통한 바이오해킹은 질병 치료에 놀라운 가능성을 제공하지만, 동시에 유전적 복잡성과 다면적 결과를 신중히 고려해야 한다. 특히 다중 유전자적 형질을 조작하려는 시도는 예상치 못한 부작용의 위험을 증가시킬 수 있어 주의를 요한다.

트랜스휴머니즘과 인간 DNA를 위한 바이오 보안

트랜스휴머니즘(Transhumanism)은 인간의 신체적, 정신적 한계를 기술을 통해 극복하고 인간의 삶의 질을 향상시키며, 궁극적으로 인간 존재를 진화시키려는 사상과 운동이다. 이 사상은 유전자 편집, 인공지능, 뇌-컴퓨터 인터페이스, 장기 이식 등 다양한 기술적 혁신을 통해 인간의 능력을 확장하고 생명 연장이나 불사의 추구를 포함할 수 있다.

이 중 이종 인식(Xenotransplation)의 트랜스휴머니즘을(Cohen, 2017) 생물 보안의 관점에서 한번 살펴보도록 하자. 돼지 유전자와 인간 유전자를 교환하는 기술은 인간의 한계를 극복하고 생명 연장을 목표로 하는 중요한 기술적 진보로 간주된다. 장기 이식을 위해 돼지의 유전자를 편집하거나 인간 유전자를 삽입하여 인간 면역 체계와의 거부 반응을 최소화하는 기술은 유전자 편집의 첨단 사례다. 이 과정에서 주로 사용되는 기술은 CRISPR-Cas9과 같은 유전자 가위 기술로, 돼지 유전체 내 알파-갈락토실전이효소(α-Gal)와 같은 면역 반응을 유발하는 요소를 제거하거나, 인간 유전자를 돼지 세포에 삽입하여 인간화된 장기를 생성한다.

이러한 기술은 바이오해킹의 관점에서 보았을 때 인간 DNA의 무결성(integrity)에 중요한 도전 과제를 제기한다. 첫째, 인간 유전자와 비인간 유전자가 조합됨으로써 인간 고유의 유전자 구조가 변화할 위험이 있다. 인간 장기 이식을 위해 돼지 유전자를 사용하는 과정에서 예상치 못한 돌연변이가 발생할 가능성이 있으며, 이는 새로운 질병의 발생 또는 기존 질병에 대한 감수성을 증가시킬 수 있다. 둘째, 돼지와 인간 유전자의 교환 과정에서 바이러스성 DNA 요소(예: 돼지 내생성 레트로바이러스, PERV)가 활성화될 가능성이 있다. 이러한 바이러스는 돼지 유전자로부터 인간 세포로 전이되어 잠재적으로 심각한 면역학적 및 유전적 교란을 초래할 수 있다 (Yang, 2015).

더 나아가 이러한 유전자 교환이 생물학적 경계를 흐릿하게 만들어 인간이라는 존재의 정의에 영향을 미칠 가능성도 있다. 특정 유전자를 돼지에서 인간으로 삽입하는 행위는 생물학적 특성을 넘어 윤리적, 철학적 논란을 불러일으킨다. 인간 유전자와 돼지 유전자 간의 융합으로 인해 인간의 유전적 무결성이 변화할 경우, 이는 장기적으로 유전자가 변형된 인류의 출현을 초래할 수 있다. 이러한 결과는 유전자 다양성과 진화적 안정성에 영향을 미칠 뿐만 아니라, 생물학적 동일성에 대한 철학적 논의를 요구한다.

이 기술은 단기적으로는 이식 가능한 장기의 부족 문제를 해결하고 생명을 구하는 데 기여할 수 있지만, 장기적으로는 인간 유전자 풀에 예상치 못한 영향을 미칠 가능성을 내포하고 있다. 특히 이러한 유전자 편집이 불완전하거나 의도치 않은 변화를 초래할 경우, 인간 생물학의 기본 원칙에 부정적 영향을 미칠 수 있다. 바이오해킹 관점에서 보았을 때, 종을 넘어서는 유전자 이식의 시도는 단순한 기술적 도전이 아니라 생물학적 무결성과 윤리적 경계에 대한 근본적인 질문을 제기한다.

이종 이식에서 돼지 유전자가 인간 체내로 들어가는 경우, 유전적 변형이 자손 세대에 어떤 영향을 미칠 수 있는지는 중요한 생물학적, 윤리적 논점이다. 만약 유전자가 편집된 돼지 유전자가 인간 생식세포(germline)에 영향을 주게 되면, 이 변형은 자손에게 전달될 가능성이 있다. 특히 유전자 교환이 다세대에 걸쳐 축적될 경우, 인간 DNA의 무결성(integrity)이 점차적으로 손상될 수 있다. 이는 생물학적 인간성과 인간 종의 정의에 중대한

의문을 제기한다(Gibbs, 2019).

구체적으로 유전적 모델링, 즉 인간 DNA의 변화 시뮬레이션을 해보면 단순 모델이라도 초기 변형 유전자의 도입량이 세대를 거듭하며 감소할 가능성이 있지만, 만약 변형된 유전자가 생식세포를 선호적으로 수정하거나 생존에 이점을 줄 경우, 변화는 지속적으로 확대될 가능성이 있다. 특히 생식 세포 편집과 유전자 드라이브 기술이 도입되면 변형 유전자의 유전 확률은 50%를 넘어 100%에 가까워질 수 있어, 변형 유전자의 확산 속도는 훨씬 빨라질 것이다. 이처럼 다세대에 걸쳐 유전자 변형이 축적되면, 인간 DNA에서 돼지 유전자와 같은 비인간적 요소의 비율이 점진적으로 증가할 수 있다. 이는 궁극적으로 인간과 다른 종의 생물학적 경계를 흐릿하게 만들어, 인간으로서의 고유성을 약화시킬 위험이 있다. 예를 들어 돼지 유전자에 의해 변경된 면역 체계, 장기 구조, 또는 대사 시스템이 나타날 경우, 이는 특정 질병에 대한 감수성이나 생리적 기능의 차이로 이어질 수 있다.

이러한 변화는 단순히 생물학적 차원을 넘어 정치적, 사회적 문제로 확대된다. 예컨대 인간과 유전적으로 다소 다른 변형을 가진 개체에게 선거권을 부여할 수 있을 것인가? 또는 그들이 "인간"으로 간주될 수 있는가? 이러한 질문은 법적 정의와 윤리적 원칙의 재검토를 요구한다. 인간 정체성의 재정의는 잠재적으로 사회적 분열이나 차별을 초래할 가능성도 있다. 이종 이식은 의료적 필요를 충족시키는 혁신적인 방법이지만, 다세대에 걸쳐 인간 유전자 풀의 무결성을 침해할 수 있는 위험성을 동반한다. 이는 인간 정체성과 다른 종과의 경계에 대한 철학적, 사회적 문제를 야기하며 미래에 있을 이러한 바이오해킹의 문제를 직시하고 이를 보안하는 생물 보안의 중요성이 대두되는 바, 사이버 보안의 기술이 집적된 미래에는 보안의 최전방 전투 현장이 우리의 몸 안이 될 수 있다.

참고문헌

Cohen, J.(2017). Xenotransplantation: Progress and promise. *Nature Medicine*, 23(9), pp.1004–1007, https://doi.org/10.1038/nm.4408

Crick, F. H. C.(1958). On protein synthesis. *Symposium of the Society for Experimental Biology*, 12, pp.138–163.

Doudna, J. A. & Charpentier, E.(2014). The new frontier of genome engineering with CRISPR–Cas9. *Science*, 346(6213), 1258096. https://doi.org/10.1126/science.1258096

Gariaev, P., et al.(2001). The DNA-wave biocomputer. *Journal of Non–Locality and Remote Mental Interactions*, 1, pp.30–41.

Gibbs, D. M. R., et al.(2019). The bioethics of

xenotransplantation. *Current Opinion in Organ Transplantation*, 24(2), pp.207–212, https://doi.org/10.1097/MOT.0000000000000633

Jinek, M., et al.(2012). A programmable dual-RNA-guided DNA endonuclease in adaptive bacterial immunity. *Science*, 337(6096), pp.816–821, https://doi.org/10.1126/science.1225829

Loewenstein, W. R.(1999). *The Touchstone of Life: Molecular information, cell communication, and the foundations of life.* Oxford University Press.

Montagnier, L., et al.(2011). DNA waves and water. *Journal of Physics: Conference Series*, 306, 012007, https://doi.org/10.1088/1742-6596/306/1/012007

Shannon, C. E.(1948). A mathematical theory of communication. *Bell System Technical Journal*, 27(3), pp.379–423, https://doi.org/10.1002/j.1538-7305.1948.tb01338.x

Yang, L., et al.(2015). Genome-wide inactivation of porcine endogenous retroviruses(PERVs). *Science*, 350(6264), pp.1101–1104, https://doi.org/10.1126/science.aad1191

Zhang, F., et al.(2015). CRISPR–Cas systems for editing, regulating and targeting genomes. *Nature Biotechnology*, 33(3), pp.330–336, https://doi.org/10.1038/nbt.3129

08
선거 무결성을 위한 사이버 보안

Election Integrity는 디지털 기술을 사용하는 현대 선거에서 가장 중요한 사이버 보안 과제로 부각된다. 이는 전자 개표기, 사전 투표 시스템, 그리고 온라인 선거 관리 플랫폼이 해킹, 데이터 조작, 또는 부정 투표의 위험에 노출될 가능성이 명확히 존재하기 때문이다. 특히 사이버 공격에 대비하여 선거 무결성을 위한 사이버 보안, 적극적인 감시와 투명성, 신뢰성 확보를 위한 국민의 관심이 절실하다.

AI와 한의학?

선거 무결성

Election Integrity(선거 무결성)는 선거 과정이 공정하고 투명하며, 부정이나 외부 개입 없이 이루어졌음을 보장하는 것을 의미하며 이는 유권자의 신뢰를 유지하고 민주주의를 보호하는 핵심 요소이다. Election Integrity는 다음과 같은 구성 요소를 포함한다. (1)투표의 무결성: 유권자가 자신의 선택을 비밀리에 행사하며 정확히 집계되도록 보장. (2)절차의 투명성: 선거 절차에 대한 명확한 규정과 감시 체계. (3) 보안 및 안정성: 전자 시스템 및 네트워크가 사이버 공격으로부터 안전하도록 유지하는 것이다(Norris, 2014).

사실 한국 과거사를 돌아보면 안타깝게도 부정 선거는 대한민국의 건국 초기에서부터 국가 발전 과정에서 큰 장애물로 작용했다. 자유당 시절부터 권력 유지를 위한 다양한 형태의 부정 선거가 발생하였으며, 이는 한국 사회에 큰 정치적 영향을 미쳤다. 대표적인 사례로는 1952년의 제1차 개헌(발췌 개헌), 1954년의 사사오입 개헌, 그리고 1960년의 3 · 15 부정 선거가 있다. 특히 1960년 한국 역사상 가장 대표적인 부정 선거 사건 중 하나가 발생하였는데, 당시 정부는 선거구별로 경찰과 관료들을 동원해 투표소를 통제하고 유권자들에게 불법적으로 자유당 후보를 강요했다. 투표함 바꿔치기, 가짜 투표용지 사용, 공포 분위기 조성 등 다양한 부정 행위가 자행되었고 국민들의 대규모 저항을 초래하여, 결국 4 · 19 혁명으로 이어졌다(김영명, 1995; 이정식, 1997; 황태연, 2003). 안타깝게도 부정 선거에 대한 의혹은 과거사에만 존재하는 것이 아니라 이 책을 저술하는 현재도 진행형인 것 같다.

최근 몇 년간 미국에서도 선거 관리에 사용되는 디지털 기술이 사이버 공격에 의해 조작될 수 있는 사례들이 지속적으로 보고되고 있어 몇 가지 정리해보겠다.

1. DEF CON 해킹 컨퍼런스에서의 투표 기계 취약성 발견: 2024년 8월, 라스베이거스에서 열린 DEF CON 해킹 컨퍼런스의 'Voting Village'에서 해커들은 미국에서 사용되는 투표 기계의 여러 취약점을 발견했고 이들은 투표 기계의 보안 결함을 악용하여 시스템에 접근할 수 있음을 시연하였으나, 이러한 취약점에 대한 수정이 선거 전에 이루어지기에는 시간이 부족하다는 우려가 제기되었다(Miller, 2024).

2. 미시간 대학교 연구자의 선거 시스템 취약성 발견(2024. 10): 미시간 대학교의 컴퓨터 공학 교수인 J. Alex Halderman은 미국의 선거 시스템에서 투표 기계와 투

표지 스캐너 등의 장비에 존재하는 취약점을 발견했으며, 그의 연구는 이러한 취약점이 실제 선거에서 악용될 수 있음을 강조하며 선거 시스템의 보안을 강화하기 위한 최선의 방법과 기술적 발전을 제안하였다(Cherry, 2024).

3. 조지아주의 유권자 취소 포털 취약성 발견: 2024년 8월, 사이버 보안 연구원 Jason Parker는 조지아주의 유권자 취소 포털에서 운전면허 번호 입력 없이도 유권자 등록 취소 요청을 제출할 수 있는 취약성을 발견했으며, 이러한 취약성은 최소한의 공개 정보만으로도 악용될 수 있어 선거 인프라의 보안 강화를 촉구하는 계기가 되었다(Clark, 2024).

4. DEF CON Voting Village에서의 투표 기계 해킹 시연(2017): 2017년 DEF CON 컨퍼런스의 'Voting Village'에서 해커들은 미국의 다양한 투표 기계를 대상으로 해킹을 시연하였고 이들은 투표 기계의 메모리 카드를 조작하여 선거 결과를 변경하는 등의 방법을 통해 시스템의 취약성을 강조하였다(Wired, 2017).

이러한 해외 사례들은 미국 등 선진국에서조차 선거 관리에 사용되는 디지털 기술이 사이버 공격에 취약할 수 있음을 보여주며, 우리나라에도 선거 시스템의 보안을 강화하기 위한 지속적인 노력이 필요함을 시사한다. 선거 무결성을 위한 기술적 혁신 개발도 필요한데, 그 솔루션 중 한 가지로는 블록체인 기술을 들 수 있다.

블록체인과 사이버 보안

한편 블록체인 기술은 선거 관리에서 사이버 보안을 강화할 가능성이 있지만, 동시에 새로운 보안 위협과 과제를 초래할 수도 있어 균형 있는 시각이 필요하다. 우선 블록체인이 선거 관리에서 사이버 보안에 기여하려면 데이터 무결성을 보장해야 한다. 블록체인은 거래 데이터를 분산 원장에 저장하여 변경 불가능한 특성을 가져 투표 기록이 조작되거나 삭제되는 것을 방지할 수 있고 각 투표는 체인에 고유하게 기록되므로, 투표의 무결성을 보장할 수 있다. 둘째, 블록체인은 투명성을 제공한다. 모든 거래를 투명하게 기록하여 누구나 확인할 수 있도록 함으로써 이러한 투명성은 선거 결과에 대한 신뢰성을 증대시키고 사후 분쟁을 최소화할 수 있다. 셋째, 탈중앙화 기술인 블록체인은 분산 네트워크에 의해 운영되므로 단일 시스템에 대한 공격 가능성을 줄이고, 중앙 서버를 사용하는 기존 선거 시스템과 달리, 블록체인은 해커가 전체 네트워크를 공격하지 않는 한 데이터를 훼손하기 어렵게 만들 수 있다. 또한 블록체인을 활용하면 투표 데이터를 실시간으로 기록하여 확인할 수 있고 유권자는 자신의 투표가 제대로 기록되었는지 즉시 검증할 수 있어 이는 투표 신뢰성을 높인다.

반면, 블록체인은 단점도 있고, 특히 부정 선거의 새로운 기회를 제공할 수도 있어 주의를 요한다. 첫째 취약성은 스마트 계약 및 프로토콜인데, 블록체인 네트워크에서 실행되는 스마트 계약은 만일 스마트 계약이 악의적으로 설계되거나 취약한 상태로 배포된다면, 해커가 이를 악용하여 선거 데이터를 조작할 수 있게 한다. 둘째, 51% 공격의 위험이다. 블록체인의 탈중앙화는 이론적으로 안전하지만, 공격자가 네트워크의 해시 파워 51%를 점유하게 되면 데이터를 조작할 수 있는 가능성이 존재하며, 이는 대규모 자원을 가진 국가나 조직에 의해 실행될 수 있다. 더욱이 양자 기술이 적용되어 적이 더 빠른 연산 속도로 암호를 크랙하게 될 경우, 51%는 금방 따라잡히게 되며, 블록체인은 양자 기술을 가진 편이 새로 전체 사슬을 쓸 수 있어 극히 주의를 요한다. 셋째, 데이터 익명성 악용이다. 블록체인은 데이터를 익명화하지만, 이로 인해 부정 투표가 감지되지 않을 위험이 있어 가짜 계정이나 신원을 위장한 유권자가 투표에 참여할 수 있는 환경이 조성될 수 있다. 넷째, 블록체인은 대규모 데이터를 처리하는 데 한계가 있다. 선거는 수백만 건의 데이터를 실시간으로 처리해야 하는데, 블록체인의 트랜잭션 속도가 이를 충분히 지원하지 못할 경우, 선거 과정의 지연이나 혼란을 초래할 수 있다. 다섯째, 공격 타깃이 증가하게 된다. 블록체인이 선거에 도입되면 이는 새로운 공격 표적이 될 수 있고, 해커들은 블록체인 네트워크 자체를 공격하거나, 유권자의 개인 키를 탈취하여 투표를 조작하려고 시도할 수 있다.

이처럼 블록체인은 선거 관리에서 데이터 무결성과 투명성을 보장하는 데 기여할 수 있는 강력한 도구이나 이 기술을 도입할 경우, 새로운 보안 위협과 운영상의 문제를 동반할 수 있다는 점도 명확하기 때문에 블록체인의 도입 여부는 기술적, 법적, 그리고 사회적 관점에서 철저한 검토가 필요하다.

선거 무결성에 있어 가장 중요한 점은 선거에 대한 표를 훔치는 행위는 국가의 근간을 흔드는 것이며, 도둑이 나라의 지도자가 될 경우 그 국가는 망하게 되기 때문에, 이를 방지하기 위한 국민적 합의와 무한한 노력이 지속적으로 필요하다.

역설적으로 도널드 트럼프 대통령의 2024년 대선 캠

페인에서 보면, 선거 무결성의 사이버 안보를 보장하는 가장 강력한 힘은 기술이 아닌 '사람'인 것 같다. 사전 투표에 대한 부정 선거 의혹을 해소하고 선거의 공정성을 확보하기 위해 다양한 전략이 동원되었는데, 특히 며느리인 라라 트럼프를 비롯한 캠페인 관계자들은 공화당 지지자들에게 사전 투표 참여를 적극 권장하고 선거 관리 인력과 자원봉사자, 변호사, 감시단의 협력을 통해 기술에만 의존하지 않는 선거 감시 체계를 구축하였다. 첫 번째 전략은 보수인 공화당 사전 투표 장려와 공화당 지지자들의 참여 확대이다. 과거에는 사전 투표에 대한 부정 선거 의혹으로 인해 공화당 지지자들 사이에서 사전 투표에 대한 신뢰가 낮았기에 2024년 대선을 앞두고 라라 트럼프 등 공화당 캠페인 관계자들은 이러한 인식을 전환하기 위해 노력하였다. 그들은 사전 투표가 합법적이고 안전한 투표 방법임을 강조하며, 지지자들에게 적극적인 참여를 독려했다. 이를 통해 투표율을 높이고 선거 당일의 혼잡을 줄이며, 전체적인 선거 과정의 효율성을 향상시키는 데 기여했으며, 만일 선거부정세력이 있더라도 보수 공화당 지지자들이 사전투표에 적극적으로 임하였기 때문에 사전투표 결과에서의 민주당 지지율을 부풀릴 수 없도록 만들었다. 두 번째, 선거 관리 인력과 자원봉사자, 변호사, 감시단의 협력이다. 트럼프 캠페인은 선거의 투명성과 공정성을 확보하기 위해 선거 감시원 및 변호사 배치에 만전을 기했다. 선거 과정에서 발생할 수 있는 부정행위를 감시하고, 법적 문제에 신속하게 대응하기 위해 선거 감시원과 변호사를 대거 배치했다. 이들은 투표소와 개표소에서 활동하며 선거 절차의 준수 여부를 확인하고, 의심스러운 상황에 즉각 대응했다. 공화당은 2024년 미국 대통령 선거에서 선거 무결성을 강화하기 위해 약 20만 명의 자원봉사자와 직원, 변호사들을 모집하여 투표 절차를 감시했다. 이들은 전국의 투표소에서 활동하며, 특히 펜실베이니아나 미시간과 같은 경합주에서 집중적으로 배치되었다. 또한 선거 당일에는 변호사들이 상주하는 '워룸(War room)'을 운영하고, 현장 감시단의 제보를 받을 수 있는 '선거 무결성 핫라인'도 운영했다. 이러한 인력 배치를 통해 공화당은 선거 과정의 투명성과 공정성을 확보하였다. 지역 사회에서 자원봉사자를 모집하여 투표소 운영을 지원하고 유권자들에게 정확한 정보를 제공했으며, 자원봉사자들은 사전 교육을 통해 선거 절차와 규정을 숙지하고 유권자들의 원활한 투표를 도왔다. 선거 감시단을 구성하여 투표소와 개표소를 순회하며 선거 과정 전반을 모니터링하였으며, 이들은 선거법 위반 사례를 기록하고 필요시 당국에 보고하여 선거의 공정성을 유지하는 데 기여했다(Politico, 2024).

결론적으로 Election Integrity는 사이버 보안과 밀접한 관련이 있으며, 기술적 보안과 사람의 협력을 통해 유지될 수 있다. 2024년 미국 공화당 선거에서 트럼프가 이긴 선거 무결성 전략은 기술 의존 최소화와 사람 중심의 선거 감시 체계 구축이었다. 트럼프 캠페인은 기술적 솔루션에 의존하는 대신, 사람들의 직접적인 참여와 협력을 통해 선거 부정에 대한 위협을 감소시키는 전략을 채택했고, 이는 기술의 한계를 보완하고, 인간의 판단력과 감시 능력을 활용하여 선거의 신뢰성을 높이는 데 중점을 두었다. 45대 미대통령이었던 트럼프가 47대 대통령으로 재선된 후 2025년 3월 25일, 취임 100일을 맞아 "Preserving and Protecting the Integrity of American Elections"라는 제목의 행정 명령을 서명하였다. 이 명령은 2020년 대선에서 제기된 부정선거 주장에 대한 대응인 것이다(The White House, 2025).

중요한 점은 모든 선거는 부정과 오류의 가능성을 내포하고 있고, 선거를 훔치고자 하는 세력은 끊임없이 다양한 방법으로 도둑질을 시도할 것이기에 선거 무결성을 위한 사이버 안보와 감시는 절체절명의 원칙이다. 선거 과정과 관리에서의 오류의 가능성을 인정하고 이를 줄이기 위한 투명한 검증 절차가 확립되어야만 투표한 국민의 신뢰를 얻을 수 있다. 대한민국 건국 시점에서부터 계속 반복되는 부정 선거의 어두운 그림자를 빛으로 몰아내야 한다. 현 시점에서 대한민국의 젊은 세대들은 선거 무결성을 확립시켜 차세대 대한민국의 지도자가 바로 세워지도록 지고한 노력을 기울여야 할 것으로 보인다.

참고문헌

김영명(1995). 『한국현대정치사』. 서울: 을유문화사.

이정식(1997). 『한국현대사: 전쟁과 평화』. 서울: 서울대학교출판부.

황태연(2003). 『근대 한국 정치사』. 서울: 민음사.

Cherry, G.(2024.10.23). *Four election vulnerabilities uncovered by a Michigan Engineer*. University of Michigan College of Engineering, https://news.engin.umich.edu/2024/10/four-election-vulnerabilities-uncovered-by-a-michigan-engineer/

Clark, D. B.(2024.8.5). Cybersecurity Expert Finds Another Flaw in Georgia's Voter Portal. *ProPublica*, https://www.propublica.org/article/cybersecurity-expert-finds-another-flaw-in-georgia-voter-portal

Isenstadt, A.(2024.4.19). Trump campaign says it will deploy thousands of election workers to monitor poll sites. Politico, https://www.politico.com/news/2024/04/19/trump-campaign-election-monitoring-00153217.

Miller, M.(2024.8.12). The nation's best hackers found vulnerabilities in voting machines – but no time to fix them. Politico, https://www.politico.com/news/2024/08/12/hackers-vulnerabilities-voting-machines-elections-00173668

Newman, L. H.(2017.8.1). To Fix Voting Machines, Hackers Tear Them Apart. Wired, https://www.wired.com/story/voting-machine-hacks-defcon/

Norris, P.(2014). *Why Electoral Integrity Matters.* New York: Cambridge University Press.

The White House.(2025.3.25). Preserving and Protecting the Integrity of American Elections. https://www.whitehouse.gov/presidential-actions/2025/03/preserving-and-protecting-the-integrity-of-american-elections/

09
머신 아이덴티티와 다크트레이스 사례

사이버 세계는 머신과 인간이 공존한다. 인공지능(AI)의 발전과 디지털 전환으로 인해 머신 아이덴티티(machine identity)의 수가 인간의 신원 계정보다 45배가량으로 훨씬 많아졌다. 머신 아이덴티티는 디지털 환경에서 기기, 애플리케이션, 알고리즘 등이 상호 작용하고 통신하기 위해 사용하는 고유한 식별 정보를 의미하며 머신 아이덴티티의 관리와 보안이 중요한 과제로 부상하고 있다

AI와 화장품?

머신 아이덴티티 보안 솔루션

사이버 보안 분야에서 다양한 소프트웨어 회사를 인수하여 포트폴리오를 확장하는 회사들이 있고, 머신 아이덴티티를 포함한 다양한 보안 솔루션을 제공하는 주요 회사와 그 기술은 다음과 같다:

1. SailPoint Technologies: 기업의 디지털 아이덴티티 관리를 전문으로 하며, 사용자와 머신 아이덴티티의 접근 권한을 제어하고 모니터링하는 솔루션을 제공한다(sailpoint.com). 비인간 계정(Machine Identity)의 보안과 거버넌스는 자동화된 관리, 명확한 소유자 지정, 정기적인 검토 및 인증, 리스크 분석과 모니터링이 핵심 요소인데 이러한 계정은 자동화된 시스템이나 서비스에서 사용되므로, 그 보안 관리가 매우 중요하다. 비인간 계정에 대한 위험을 탐지하고 빠르게 대응할 수 있는 시스템이 필요하다. 휴먼 계정에 비해 비인간 계정은 더 세밀하고 엄격한 관리와 정기적인 검토가 요구된다.

2. Proofpoint: 이메일 보안, 데이터 손실 방지, 위협 인텔리전스 등을 통해 조직의 사이버 위협을 예방하고 대응하는 데 중점을 둔다(proofpoint.com).

3. Sophos: 엔드포인트 보안, 방화벽, 관리형 탐지 및 대응(Managed Detection and Response) 서비스를 제공

해 네트워크와 디바이스 보안을 강화한다(sophos.com). Managed Detection and Response (MDR)는 조직의 사이버 보안을 강화하기 위해 외부 전문가가 제공하는 탐지 및 대응 서비스이다. MDR은 실시간으로 위협을 탐지하고, 고도화된 사이버 공격에 대응할 수 있는 능력을 제공한다. 이를 위해 보안 이벤트를 모니터링하고, 의심스러운 활동을 신속하게 분석하여 적절한 대응을 한다. 또한, 보안 팀과 협력하여 잠재적인 위협을 미리 차단하고, 지속적인 위협 관리 서비스를 제공한다. MDR은 내부 리소스의 부족을 보완하고, 위협 대응을 자동화하여 조직의 보안을 향상시킨다.

4. Wiz: 구글은 2025년 3월, 사이버 보안 스타트업인 Wiz를 인수하기로 합의하였다. Wiz는 2020년에 설립되어 클라우드 환경 전반에 걸쳐 보안 위험을 실시간으로 평가하는 플랫폼을 제공한다. 이는 구글 클라우드의 보안 역량을 강화하고, 다중 클라우드 환경에서의 보안 솔루션을 통합하는 전략의 일환이다. Wiz의 솔루션은 AWS, Azure, Google Cloud 등 주요 클라우드 플랫폼에서 모두 사용 가능하며, AI 기반 위협 탐지 및 대응 기능을 갖추고 있다. 클라우드에서의 보안은 물리적 하드웨어와 인프라를 직접 관리하는 온프레미스(On-Premise)

환경과 달리, 여러 가지 추가적인 도전 과제가 있다. 첫째, 데이터의 분산성이 문제된다. 클라우드는 여러 데이터 센터와 지역에 분산되어 운영되기 때문에, 데이터를 추적하고 보호하는 것이 더 복잡해진다. 둘째, 공유된 책임 모델에 따라 클라우드 서비스 제공자는 인프라 보안을 책임지지만, 사용자는 애플리케이션과 데이터 보안을 책임져야 한다. 이로 인해 사용자와 제공자 간의 보안 경계가 불분명해질 수 있다. 셋째, 다중 클라우드 환경에서는 각 클라우드 제공자가 제공하는 보안 도구와 정책이 상이하여, 이를 통합하고 일관되게 관리하는 것이 어려운 과제가 된다. 클라우드에서 보안이 중요한 이유는 규모의 확장성과 접근성이다. 클라우드 환경에서는 많은 사용자가 동시에 접속할 수 있어, 공격자가 접근할 수 있는 취약점이 더 많다. 또한, 자동화 및 AI 기반 보안 시스템을 통해 실시간으로 위협을 탐지하고 대응할 수 있다는 장점도 있다. 따라서, 빠른 보안 대응과 철저한 접근 제어, 암호화된 데이터 저장 및 전송 등이 Wiz가 제공하는 클라우드 환경에서 중요한 보안 요소가 된다(Google, 2025).

5. Darktrace: AI 기반의 위협 탐지 및 대응 시스템을 통해 네트워크, 이메일, 클라우드 환경에서 발생하는

이상 행동을 실시간으로 감지하고 대응한다. 특히 Darktrace는 AI를 활용하여 머신 간의 비정상적인 활동을 실시간으로 탐지한다(darktrace.com).

이 중 Darktrace의 사례를 조금 더 자세히 살펴보도록 하겠다. Darktrace는 전통적인 사이버 보안 접근법을 탈피하여 인공지능 기반의 자가학습 시스템을 통해 조직의 디지털 면역 체계(Digital Immue System)를 구축하는 혁신적인 전략을 채택하고 있다. 이 회사의 Enterprise Immune System은 인간의 면역 체계가 새로운 위협을 식별하고 대응하는 방식을 모방하여 설계되었다. 특히 기계 정체성(Machine Identity) 보호에서 Darktrace는 조직 내 모든 디지털 자산과 시스템 간의 정상적인 상호작용 패턴을 지속적으로 학습하고 이해한다(darktrace.com., 2025).

다크트레이스

Darktrace의 접근 방식은 경계 방어(perimeter defense)의 한계를 인정하고, 대신 네트워크 내부의 비정상적인 활동을 실시간으로 감지하고 대응하는 데 중점을 둔다. 이는 마치 인체의 면역 체계가 외부 병원체의 침입을 완벽히 막을 수는 없지만, 침입한 위협을 신속히 식별하고 대응하는 것과 유사하다. 기계 정체성과 관련하여, Darktrace의 시스템은 각 디지털 자산의 고유한 행동 패턴을 학습하고, 이러한 패턴에서 벗어나는 활동을 감지하여 잠재적 위협에 대응한다.

이 회사의 Autonomous Response 기술은 위협이 감지될 때 실시간으로 대응하여 피해를 최소화한다. 이는 단순히 의심스러운 활동을 차단하는 것을 넘어, 정상적인 비즈니스 운영에는 최소한의 영향만을 미치면서 위협을 효과적으로 무력화하는 정교한 접근 방식을 취한다. 특히 기계 정체성이 손상된 경우, 시스템은 해당 기계의 정상적인 행동 패턴을 기반으로 하여 비정상적인 접근이나 권한 사용을 식별하고 제한할 수 있다. 이러한 접근 방식의 효과성은 여러 사례 연구를 통해 입증되었다. MIT Technology Review(2021)에 따르면, Darktrace의 면역 시스템 기반 접근법은 특히 제로데이 공격이나 고도화된 지능형 지속 위협(APT)에 대한 대응에서 탁월한 성과를 보여주었다. NIST Journal of Research(2023)에 게재된 연구에 따르면, 이러한 자가학습 기반의 사이버 면역 시스템은 전통적인 규칙 기반 보안 시스템에 비해 위협 탐지 속도가 평균 60% 더 빠르며, 오탐률도 현저히 낮은 것으로 나타난다(Oprea & Vassilev, 2024). Darktrace의 혁신적인 접근 방식은 현대 사이버 보안의 패러다임을 변화시키고 있다. 완벽한 방어가 불가능하다는 현실을 인정하고, 대신 조직의 디지털 생태계가 자체적으로 위협을 감지하고 대응할 수 있는 능력을 키우는 데 초점을 맞추고 있다. 이는 사이버 보안의 미래가 단순한 방어 시스템이 아닌, 지능적이고 적응력 있는 면역 시스템의 구축에 있음을 보여준다. 특히 Darktrace에서 인공지능 기술이 사이버 보안에 적용됨에 따른 SWOT 분석을 해보면 다음과 같다 .

Strengths(강점):

인공지능은 방대한 양의 데이터를 실시간으로 분석하고 패턴을 학습할 수 있는 능력을 가지고 있다. Darktrace의 경우 Enterprise Immune System이 초당 수백만 개의 데이터 포인트를 분석하여 네트워크상의 미세한 이상 징후도 감지한다. 예를 들어 특정 직원의 평소 업무 시간과 다른 시간대의 로그인이나 비정상적인 데이터 전송 패턴을 즉각 포착할 수 있고, 자동화된 대응을 통해 인간 보안 전문가의 개입 없이도 초기 위협에 신속하게 대처할 수 있다.

Weaknesses(약점):

AI 시스템의 결정 과정이 블랙박스처럼 불투명할 수 있다는 점이 주요 약점이다. Darktrace의 경우에도 시스템이 특정 활동을 위협으로 판단했을 때, 그 정확한 판단 근거를 명확히 설명하기 어려울 수 있다. 또한 AI 모델의 초기 학습 기간 동안에는 정상적인 업무 활동을 위협으로 잘못 판단하는 오탐지가 발생할 수 있으며, 이는 업무 효율성에 영향을 미칠 수 있다.

Opportunities(기회):

사이버 위협이 점점 더 복잡해지고 고도화됨에 따라 AI 기반 보안 솔루션의 수요는 계속 증가할 것으로 예상된다. Darktrace는 이미 클라우드 보안, IoT 보안 등 새로운 영역으로 서비스를 확장하고 있다. 특히 5G 네트워크의 확산과 더불어 엣지 컴퓨팅 환경에서의 보안 수요도 늘어날 것으로 예측된다. 또한 AI 기술의 발전으로 더욱 정교한 위협 탐지와 대응이 가능해질 것이다.

Threats(위협):

AI를 이용한 사이버 공격의 증가는 주요한 위협 요소이다. 악의적 행위자들도 생성형 AI를 활용하여 더욱 정교한 공격을 시도할 수 있으며, 특히 AI 모델을 속이기 위한 적대적 기계 학습 공격이 증가할 수 있다. Darktrace의 경우, 경쟁사들의 유사한 AI 보안 솔루션 출시로 인한 시장 경쟁 심화도 위협이 될 수 있고 AI 모델의 편향성이나 오류로 인한 법적, 규제적 리스크도 존재한다.

이러한 SWOT 분석을 통해 AI 기반 사이버 보안의 현재와 미래를 더 잘 이해하고, 전략적 대응 방안을 수립할 수 있다. Darktrace는 이러한 도전과 기회를 잘 관리하면서 지속적인 혁신을 추구하고 있으며, 특히 자가학습 AI 기술의 발전을 통해 위협을 기회로 전환하려 노력하고 있다.

참고문헌

Darktrace.(n.d.). The Enterprise Immune System. https://www.3sc.ae/forms.html.

Google(2025.3.18). Google announces agreement to acquire Wiz. https://blog.google/inside-google/company-announcements/google-agreement-acquire-wiz/

MIT Technology Review(2021.3.22). Enabling Autonomous Cybersecurity. https://event.technologyreview.com/autonomous-cybersecurity

Oprea, A., et al.(2024). Adversarial Machine Learning: A Taxonomy and Terminology of Attacks and Mitigations(NIST AI 100-2e2023). National Institute of Standards and Technology, https://doi.org/10.6028/NIST.AI.100-2e2023

Rayport, J. F. & Lefort, A.(2024). Darktrace: Scaling Cybersecurity and AI. Harvard Business School.

10
사이버 주권과 도미니언

하나님이 이르시되 우리가 우리의 형상을 따라 우리의 모양대로 사람을 만들고 그들로 바다의 물고기와 하늘의 새와 가축과 온 땅과 땅에 기는 모든 것을 다스리게 하자 하시고 하나님이 자기 형상 곧 하나님의 형상대로 사람을 창조하시되 남자와 여자를 창조하시고 하나님이 그들에게 복을 주시며 하나님이 그들에게 이르시되 생육하고 번성하여 땅에 충만하라, 땅을 정복하라, 바다의 물고기와 하늘의 새와 땅에 움직이는 모든 생물을 다스리라 하시니라(『창세기』 1장 26–28절).

종교와 AI?

사이버 주권

도입문의 『창세기』 성경 구절을 보면 우리가 가진 주권(Sovereignty, Dominion)은 천지를 창조하신 하나님께서 인간에게 다양한 영역에서 행사하고 자연과 생물을 다스릴 권한(dominion)을 주셨음을 분명히 보여주고 있다. 여기서 '다스리다'로 번역된 히브리어 'radah'는 통치하다, 지배하다라는 의미를 가지고 있으며 더 중요하게는 바다, 하늘, 땅과 땅에 기는 모든 것이라는 4가지 영역에서 인간이 주권을 행사해야 할 영역으로 창세기 1장에 구체적으로 언급되어 있는데, 사이버 영역은 이 4가지 모두 해당한다. Fiber Optics, 그리고 우주와 위성, 대기 공간, 지상 서버, 데이터 센터와 기지국, 그리고 이를 지지하는 에너지가 창출되는 땅의 깊은 속 내부까지도 통신 신호가 오가는 사이버 세상이다 (Neril, 2012). 따라서 사이버 세상은 창조주가 우리에게 다스리라고 준 통치권이 작동해야만 하는 영토적 공간이다. 우리는 사이버 세상 또한 창조주가 주신 우리의 주권이 행사하는 영토라고 정의한다.

희한하게도 경주 이씨 국당공파 42대손인 저자의 이름의 중간에 들어가는 한자는 "은(垠)"이며 그 뜻은 끝, 경계선(Boundary)이라는 뜻이라 한다. 안타깝게도 이은(李垠)이라는 이름은 조선의 끝, 마지막 왕으로 나라를 잃고 1970년 일본에서 돌아가신 영친왕의 이름이다. 영친왕이 돌아가신 다음 해 태어난 어린 아기였던 내게 이런 이름을 지어주신 문중 어른들의 깊은 뜻이 무엇일까. 조선의 끝자락에서 나라의 영토를 잃었던 영친왕의 역사가 여기 2025년 한국에서 되풀이 되어선 안 되겠다는 것은 모두 동의할 것이다. 이제 우리나라의 영토는 육해공 뿐 아니라 사이버 영토 및 하늘과 우주까지 확장되고 있는데, 새로이 추가된 사이버 세상과 우주는 우리가 눈으로 잘 볼 수 없어서 그곳에서 일어나는 다양한 하이브리드 전쟁과 적의 침입에 대해서 잘 인식하지 못하는 경우가 많다. 문중 어른들이 붙여주신 내 이름의 의미는 지금 2025년 우리의 영토의 끝, 그 경계선을 어디인지 잘 인식하고 나라를 잘 지키라고 그런 이름을 주신 뜻이 있는 것은 아닌가 싶다. 이 책의 가장 중요한 결론 중 하나는 우리의 사이버 주권을 정의하고 이를 잘 지키고 가꾸어야 한다는 점을 강조하고자 한다.

맺으며

현대 전쟁은 항상 물리적 영토 침범이 있기 전 사이버 공격으로 시작하는 것이 통례이다. 사이버 보안은 국방의 최전선으로 인식되어야 한다. 사이버 세상은 보이지 않는 곳이며 그 구성원들은 인간 및 머신이 모두 적용되는 특수한 공간이기 때문에 더 세심하게 다양한 침입자를 막고 지켜야 하며, 이 영토가 번영하도록 계속 가꾸고 확장해야 한다. 이는 통치권 도미니언을 가진 주권자의 당연한 권리이며 의무이므로, 지금 이 시점에서 우리는 이러한 시대적 사명을 감당해야 하겠다.

현대 사이버 보안전에 있어서는 기업의 역할이 더욱 중요하므로 이를 육성하고 협력하는 것이 매우 필요하다. 현대의 전쟁은 더 이상 탱크와 총만으로 이루어지지 않는다. 디지털 전장은 실시간으로 전 세계에 펼쳐지고 있으며, 이 가운데 테크 기업은 사이버 안보의 핵심 주체로 부상하고 있다. 2022년 러시아의 우크라이나 침공 당시, 물리적 전투가 시작되기도 전부터 러시아는 우크라이나의 전력망, 정부 서버, 통신 체계 등을 겨냥한 사이버 공격을 감행했다. 그런데 이 움직임을 가장 먼저 탐지한 주체는 마이크로소프트였다. 이들은 자사 AI 기반 위협 인텔리전스 시스템을 통해 러시아발 악성 코드의 움직임을 포착했고, 우크라이나 정부에 이를 신속히 전달함으로써 조기 방어를 가능하게 했다.

이러한 사례는 테크 기업이 단순한 민간 업체가 아니

라 국가 안보의 동반자라는 사실을 분명히 보여준다. 특히 인공지능 기술의 발전은 위협 탐지의 정밀도와 속도를 비약적으로 향상시키고 있다. AI는 수많은 로그 데이터를 실시간으로 분석해 이상 징후를 포착하고, 과거 공격 패턴과 비교하여 사전 대응을 가능하게 만든다. 이는 전통적인 방어 체계로는 불가능했던 실시간 방어를 실현하게 한다.

최근 42조 원의 가치로 평가받은 사이버 보안 기업 Wiz는 클라우드 환경에 특화된 보안 솔루션을 제공하며, 기업과 국가의 핵심 인프라를 지키는 데 중심적 역할을 하고 있다. 클라우드는 현대 사회의 디지털 기반으로, 그 보안이 무너지면 경제, 안보, 의료, 에너지 모든 분야가 마비된다. 따라서 클라우드 보안은 단순한 IT 문제가 아닌 국가 안보 이슈다.

여기에 더해, 양자 기술의 발전은 사이버 안보에 새로운 차원을 더하고 있다. 양자 컴퓨팅은 기존의 암호 체계를 단시간에 무력화할 수 있는 능력을 가지며, 이는 현존하는 모든 데이터 보호 기술에 위협이 될 수 있다. 반면, 양자 암호 통신은 이와 반대로 해킹이 불가능한 보안 체계를 가능하게 한다. 이런 기술을 선점하는 국가는 정보전에서 절대적 우위를 확보할 수 있다. 따라서 양자 기술 분야에 대한 국가적 투자와 테크 기업과의 긴밀한 협력이 절실하다.

결국 사이버 안보를 위해 인공지능, 클라우드, 양자 기술을 보유한 테크 기업은 국가의 새로운 방위 산업체로 간주되어야 한다. 안두릴(Anduril Industries)은 실리콘밸리 출신의 기업가 팔머 럭키(Palmer Luckey)가 창업한 방위 기술 회사로, 원래는 가상 현실 기업 오큘러스를 설립했던 인물이다. 그는 페이스북에 회사를 매각한 후, 자유와 안보를 지키기 위한 더 실질적인 기술 개발의 필요성을 느끼고 국방 분야로 방향을 전환했다. 안두릴은 드론, 자율 무기 시스템, AI 기반 감시 플랫폼 등을 개발하며 기존 국방 산업의 느리고 복잡한 조달 체계를 뛰어넘는 민첩한 개발과 배치를 목표로 한다.

특히 자율 드론과 센서 네트워크를 결합한 Lattice 시스템은 전장 감시와 공격 기능을 통합한 혁신적 솔루션으로 주목받고 있다. 이는 단순한 무기 개발을 넘어, 실시간 전장 데이터를 AI로 분석하여 전략적 결정을 지원하는 통합 시스템이다. 실리콘밸리식 기술 혁신이 국방 분야로 전이된 대표적 사례이며, 자유세계를 기술로 방어하겠다는 철학이 뚜렷하다. 안두릴은 민간 기술이 안보의 최전선으로 진입한 흐름을 상징하며, 테크 창업가의 회심이 단지 상업적 성공을 넘어서 공동체적 책임으로 확장된 예라 할 수 있다. 이스라엘도 사이버 사령부와 민간 테크 기업 간의 파트너십을 제도화하였고, 미국은 구글, 아마존, 마이크로소프트 등과 연계된 보안 프로젝트를 통해 국가 디지털 방어를 강화하고 있다. 대한민국도 이러한 흐름에 발맞춰야 한다. AI 기반 보안 기술의 연구개발 지원, 양자 기술 분야의 창업 인큐베이팅, 테크 기업과 정보기관 간의 정보 공유 체계 구축이 필요하다. 사이버 공간은 제4의 전쟁터이며, 이 전쟁에서 승리하겠다는 주권자의 의지가 가장 중요하다. 민간 테크 기업도 그 최전방에서 국가의 방패가 되어야 한다.

인공지능이 결합된 하이브리드 전쟁은 전통적 군사 작전과 사이버, 정보, 심리전이 동시에 벌어지는 복합 전장을 의미한다. 이런 환경에서 사이버 보안 기업의 역할은 단순한 기술 제공을 넘어, 국가 정보 주권을 수호하는 방패로 확장된다. AI를 활용한 사이버 공격은 더 정교하고 은밀해졌으며, 백도어를 통한 국민 개인 정보 침해는 실제적 위협이 되었다. 이와 관련하여 미국이 중국계 소셜 미디어인 TikTok을 미국 기업이 인수하도록 압박한 것은 정보 유출에 대한 우려와 개인 정보 보호를 국가 안보의 핵심 요소로 간주한 정책적 판단이었다. 미국 정부는 중국의 소셜 미디어 앱 TikTok이 미국 사용자 데이터를 중국 정부에 제공할 수 있다는 우려를 바탕으로, 국가 안보를 보호하기 위한 조치로 ByteDance에 미국 내 TikTok 사업 매각을 요구했다. 2024년 4월 24일, 미국 의회는 "Protecting Americans from Foreign Adversary Controlled Applications Act"를 통과시켜, ByteDance에 2025년 1월 19일까지 미국 내 TikTok 사업을 매각하거나 앱스토어에서 퇴출될 수 있도록 했고 25년 1월 17일, 미국 대법원은 TikTok의 항소를 기각하고 해당 법안을 승인했다(Filipiak, 2025).

특히 민주주의 국가에서는 선거의 무결성이 무엇보다 중요하다. 유권자 정보를 조작하거나 여론을 왜곡하는 디지털 공격은 실질적인 체제 전복으로 이어질 수 있다. 미국은 2016년 대선 이후 선거 시스템 전반에 대한 사이버 보안 강화를 위해 연방 정부와 실리콘밸리 기업 간 협력을 강화해왔다. 구글, 클라우드플레어, 팔로알토네트웍스 같은 기업들은 선거 기관을 위한 보안 인프라를 지원하고, AI 기반 위협 분석 툴을 제공해왔다(Woolbright, 2024).

이러한 실리콘밸리식 테크 서포트는 단순한 상업적 지원이 아니라, 민주주의 기반을 지키는 디지털 방어망으로 작동하고 있다. 한국을 포함한 자유 국가들도 이처럼 민간 기술 기업이 선거 및 핵심 공공 시스템의 사이버 방어를 담당할 수 있는 생태계를 조성해야 한다.

그러나 동시에, 이처럼 민감한 시스템은 외국 기업에 의존할 수 없다는 점도 분명하다. 미국은 자국 내 핵심 인프라에 대한 외국 기업의 접근을 엄격히 통제하고 있으며, 정보 안보에 있어서 '기술 주권'을 명확히 설정해 두고 있다. 이는 기술이 곧 국경이고, 정보가 무기인 시대에 당연한 전략이다. 한국도 클라우드, 데이터 서버, 선거관리 시스템, 국방 IT 등 주요 분야에서 자국 기업 중심의 보안 체계를 구축하고, 이를 실리콘밸리 수준의 기술로 끌어올릴 수 있도록 R&D 투자와 규제 개선이 병행되어야 한다.

사이버 안보는 단순한 기술 문제가 아니다. 그것은 국민의 자유, 정체성, 선택권을 지키는 마지막 방어선이다. 이런 면에서 미국의 테크-안보 정책은 단순한 보호주의가 아니라, 민주주의 수호를 위한 전략적 선택이다. 한국도 이제 기술을 전략 자산으로 보고, 그 안보적 의미를 인식한 국가 차원의 대응이 절실하다.

참고문헌

Filipiak, S.(2025.116). Banning TikTok: Turning point for U.S. data security or threat to free speech? Ohio University, https://www.ohio.edu/news/2025/01/banning-tiktok-turning-point-u-s-data-security-or-threat-free-speech

Neril, R. Y.(2012.10.10). Genesis and human stewardship of the earth. Torah Musings, https://www.torahmusings.com/2012/10/genesis-and-human-stewardship-of-the-earth/

Woolbright, J.(2024.3.7). 2024년 투표 시즌, 신기술의 위협으로부터 전 세계 민주주의를 보호하는 Cloudflare. Cloudflare 블로그. https://blog.cloudflare.com/ko-kr/protecting-global-democracy-against-threats-from-emerging-technology/

이은주

성균관대학교 경영대학 교수다. 서울대학교에서 학사, 석사학위를, 미국 Univ. of Tennessee Knoxville에서 소비자경제학과 경영학 마케팅으로 Dual Ph.D.를 받았다. 미국소비자학회 최우수 논문상을 수상하고, Cal State LA에서 마케팅 조교수로 근무했으며, 귀국해 중앙대학교를 거쳐 성균관대학교에서 일하고 있다. 삼성전자 영업 마케팅 해외 법인장 교육 PM, 한국마케팅학회 마케팅 연구 편집장, 한화 갤러리아 사외이사로 활동했다. 소비자 심리, 경제학, 뉴로마케팅 등 분야의 다수 논문을 SCI, SSCI 해외 저명 학술지에 게재했다. 현재 성균관대학교 비즈니스스쿨에서 디지털 인텔리전스, 인공지능과 뇌과학 관련 강의를 하고 있다.

김영기

성균관대학교에서 경영학을 전공했다. 이후 성균관대학교 일반대학원 경영학과 마케팅전공 석사과정 재학 중이다. 스포츠 마케팅과 gift-giving과 관련된 연구를 진행하고 있다. “드론과 사이버 전쟁” 챕터를 집필했다.

레티퀴엔(LE THI QUYEN)

베트남 하노이국립외국어대학교 한국어학 학사학위를 취득했으며, 한국전력공사 베트남 사무소에서 근무했다. 현재는 성균관대학교 일반대학원 경영학과 석사과정 재학 중이다. 2024년 한국정부초청 장학생으로 선발되어 새로운 전공에 도전하고 있다. SNS와 인플루언서 마케팅을 연구 중이다. “딥페이크, 디지털 트윈과 개인 신원 보안” 챕터를 집필했다.

박종민

동국대학교 전자전기공학부를 졸업했으며, 성균관대학교 일반대학원 경영학과 마케팅 전공 석사과정 재학 중이다. 브랜드 마케팅과 시청각 마케팅 디자인을 연구하고 있으며, 그 외에도 각 대학과 업체에서 영어 번역가로 활동해 공문, 저널, 전공 서적 등을 번역했다. “드론과 사이버 전쟁” 챕터를 집필했다.

소천용(SO CHIEN JUNG)

성균관대학교 경영학과 학사과정을 졸업한 후, 현재 성균관대학교 일반대학원 경영학과 마케팅 전공 석사과정 재학 중이다. 관심 분야는 마케팅 기술 혁신으로, 마케팅 자동화, 데이터 기반 개인화 서비스, 그리고 최신 기술을 활용한 소비자 경험 최적화에 중점을 두고 연구하고 있다. “랜섬웨어 사이버 테러 사례” 챕터를 집필했다.

이정

성균관대학교 일반대학원 경영학과 마케팅전공 석사과정 재학 중이다. 소비자심리에 관심을 갖고 있으며 빠르게 변화하는 세상을 어떻게 바라봐야 하는지 꾸준히 고민하고 있다. “IoT

세상의 사이버 보안" 챕터를 집필했다.

이주민

성균관대학교 일반대학원 경영학과 마케팅전공 석사과정 재학 중이다. 지속 가능한 소비에 관심이 있다. "IoT 세상의 사이버 보안" 챕터를 집필했다.

향준의(XIANG JUNYI)

웰링턴빅토리아대학교에서 경영학과 마케팅 전공 학사학위를 취득한 후, 5년간 마케팅 기획 분야에서 실무 경험을 쌓았다. 현재 성균관대학교 일반대학원 경영학과 마케팅 전공 석사과정 재학 중이다. 프로모션 전략과 AI 마케팅에 관심이 있다. "딥페이크, 디지털 트윈과 개인 신원 보안" 챕터를 집필했다.

Ella Lee

Jiangsu University에서 금융학 학사학위를 취득했다. 이후 성균관대학교 일반대학원 경영학과 마케팅전공 석사과정 재학 중이다. AI-generated Content와 Digital Advertising Optimization을 연구 중이다. "랜섬웨어 사이버 테러 사례" 챕터를 집필했다.